中国农村基层民主建设研究

ZHONGGUO NONGCUN JICENG
MINZHU JIANSHE YANJIU

东秀萍■著

人民日报出版社
北 京

图书在版编目（CIP）数据

中国农村基层民主建设研究 / 东秀萍著 .—北京：
人民日报出版社，2020. 12
ISBN 978-7-5115-6853-3

Ⅰ. ①中… Ⅱ. ①东… Ⅲ. ①农村—社会主义民主—
建设—研究—中国 Ⅳ. ① D638

中国版本图书馆 CIP 数据核字（2020）第 263993 号

书　　名：中国农村基层民主建设研究
ZHONGGUO NONGCUN JICENG MINZHU JIANSHE YANJIU
作　　者：东秀萍

出 版 人：刘华新
责任编辑：刘　悦
封面设计：人文在线

出版发行：人民日报出版社
社　　址：北京金台西路 2 号
邮政编码：100733
发行热线：（010）65369527　65369512　65369509　65369510
邮购热线：（010）65369530
编辑热线：（010）65363105
网　　址：www.peopledailypress.com
经　　销：新华书店
印　　刷：天津雅泽印刷有限公司

开　　本：710mm × 1000mm　1/16
字　　数：168 千字
印　　张：11.5
版次印次：2021 年 3 月第 1 版　2021 年 3 月第 1 次印刷

书　　号：ISBN 978-7-5115-6853-3
定　　价：55.00 元

目　录

CONTENTS

第 1 章
绪　论

1.1　研究背景和研究意义

1.1.1　研究背景

经过革命斗争成为统治阶级，争得民主，这是马克思、恩格斯在《共产党宣言》中指出的无产阶级革命发展的一般规律，也就是说建立无产阶级的民主国家是无产阶级革命的直接目的。中国是一个农村人口占较大比重的大国，任何一个历史时期都要重视农民问题。而且历史已证明，发动农民并有效整合农村各种力量，是取得革命和建设成功的重要条件。中国共产党从领导革命开始就已经把农民的民主建设纳入自己的革命范畴当中。从民主主义革命时期领导人民争取民主权利的革命斗争到局部地区实现民主权利的政权建设，都充分体现了中国共产党为广大人民群众实现民主权利的决心。不但如此，中国共产党在经历了社会主义建设初期的艰难探索后，仍继续推进农村基层民主，既包括充分保障农民的个体经营权的经济体制改革，更有以村民自治为核心的政治体制改革，这场改革中蕴含着党和政府在这一过程中的总结经验教训、敢于开辟新路的精神，也体现了中国农民改变自己命运的主动意识。

近年来，中国共产党不断推进政治体制改革，加快发展社会主义民主的步伐。党的十五大提出要把党的领导、人民当家作主和依法治国有机统一起来，明确了发展民主与坚持党的领导和依法治国的内在统一关系。党的十六大指出，扩大基层民主是发展社会主义民主的基础性工作，阐明基层民主建设对整个社会主义民主政治建设所具有的基础性意义。党的十七大更是将发展基层民主纳入中国特色社会主义基本政治制度的范畴，从而使制度化基层民主建设进入到一个新阶段。党的十八大在坚持党的十七大关于基层民主制度化建设要求的同时，进一步提出了完善基层民主制度的重大任务，“在城乡社区治理、基层公共事务和公益事业中实行群众自我管理、自我服务、自我教育、自我监督，是人民依法直接行使民主权利的重要方式”，对农村基层民主建设提出了更具体的要求和措施。

经过多年的努力，中国的农村基层民主政治建设在党的领导下取得了令人瞩目的成就。但我们也要清醒地认识到，在许多村庄依然存在着村民未能积极有效参与基层民主管理的问题，如民主参与意识不够、参与能力与参与动力不足、村务公开程度不够、缺乏有效监督机制等问题，能够满足广大农民利益需求的稳定、普遍、互惠的社会参与机制并没有建立起来。这些都是继续推进中国基层民主政治建设进程中需要进行深入研究的问题。如何进一步推动和完善农村基层民主建设对于中国抓住重要战略机遇期具有重要意义，是中国共产党在新世纪面临的重要课题，也是近年来许多学者予以关注和研究的重点问题之一。在准确把握中国农村基层民主建设的特点和发展趋势的基础上，进一步总结中国共产党领导农民实现民主权利的实践历程，梳理和完善马克思主义民主理论和中国共产党人的创新理论与实践，对加快推进农村基层民主建设具有一定的理论价值和现实意义。

1.1.2 研究意义

农村基层民主是中国特色社会主义民主政治建设的重要内容和突出成就。

农民占人口比重较大，而且农业和农村在中国现代化中具有基础性地位，所以有农村基层民主的发展才可能有整个国家民主政治水平的提高。中华人民共和国成立后推翻了旧的剥削制度，广大农民第一次成为现代的民主农民、民主公民，中国民主第一次以个体民主而不是集体民主的形式降临到个体农民身上，这是一个伟大的历史转变，一场深刻的民主变革。让农民依法享有更多切实的民主权利，建立自治组织进行自我管理、广泛参与基层政治生活，使农民民主权利普遍实现，这是农民当家作主的重要体现，也是中国特色社会主义民主政治的基础性工程。实现主权在民，完善为民服务治理机制，规范农村基层干部的日常行为，进一步实践公开性的民主政治，同时，使越来越多的农民经历民主的教育和实践锻炼，增强民主意识、提高民主能力，这是建立国家民主政治现代化的社会基础，是培育和壮大民主力量，进而不断推动整个国家的现代化进程的基础条件。

总结中国共产党农村基层民主建设的经验，进一步完善基层民主建设的理论研究。

按照马克思主义关于无产阶级政党建设的基本观点，无产阶级政党必须建立在民主的基础上。19 世纪三四十年代，工人运动的发展和科学社会主义理论的创立，为建立无产阶级政党准备了条件。马克思认为无产阶级要获得解放，必须建立自己的政党，而工人阶级政党必须建立在民主的基础上。中国共产党人以实现共产主义为自己的最终奋斗目标，运用马克思主义民主理论指导中国民主政治建设，同时根据中国文化、历史和现实特点不断进行理论研究和实践创新。坚持马克思主义民主思想的基本原则，总结新民主主义革命时期农村基层民主选举、民主政治斗争与经济斗争相结合等思想，尤其是对改革开放以来历代中国共产党领导集体的基层民主建设的理论进行总结，包括邓小平对民主与社会主义关系的阐述、民主建设的“中国特色”、基层民主在社会主义民主中的作用等，江泽民、胡锦涛突出发展基层民主要在党的领导下有步骤有秩序地发展，并以群众利益为出发点和落脚点的思想等，以及党的十八大以来，习近平在基层民主制度化建设和发挥协商民主的功能等方面提出的新思想，形成了系统化的中国特色社会主义基层民主建设理论，对科学推进基层民主建设的发展具有重要作用。

结合中国的社会现实创新基层民主建设，巩固中国共产党的基层执政基础。

农村的稳定和发展是整个社会的稳定和发展的重要组成部分。农村能否为农民提供良好的生活环境，事关亿万农民群众的切身利益，也在相当程度上影响着农村基层党组织的建设和政权建设，并在深层次上影响甚至决定着社会的和谐稳定。对于世界各国政权来说，稳定是最重要的政治目标之一。在如何实现社会稳定方面，大多数国家政权的共识是，实施公开和透明的民主政治比独断专行更有利于缓解多种矛盾和消除各种障碍，从而增强政权对国家政治生活的调控能力，进一步巩固其执政基础。从我国情况看，造成社会不稳定的群体事件，绝大多数发生在基层，而且这些基层群体事件绝大多数是个别干部与群众的冲突。从民主发展程度与其关系看，发生这些群体事件的地方绝大多数是基层民主建设薄弱的地方。如果这些基层民主建设搞得好，就能够及时发现苗头，预先有效地化解矛盾，就不会发展到冲突和对抗的地步。因此，没有民主就没有稳定，抓稳定必须抓基层民主建设。基层民主决定基层稳定，一个和谐的社会必然是一个民主的社会，一个民主的社会才能够成为一个稳定的社会。所以，抓基层民主建设就是从根本上抓稳定、促和谐。基层民主建设相对于高层民主来说，其社会基础和代表性更广泛，可以使各种社会群体的利益表达渠道更多、更畅通，许多尚处于萌芽和初级发展阶段的社会矛盾可以比较及时地得到释放和调节，减少矛盾积累，降低社会危机爆发的频率。基层民主的发展能较好地综合社会各方的利益要求，保障民众通过合法的政治参与，而民众在参与多方协商的过程中学会如何表达以及增强达成共识的意识，调整自己的利益诉求，从而使不同利益群体的利益要求在一定程度上都得到满足。这就在基本保持整个社会利益的统一性和稳定性的基础上巩固了中国共产党执政的社会基础。

加强农村基层民主建设是推动“三农”现代化的重要途径和内容。

农村基层民主建设为“三农”现代化提供稳定的农村政治局面，现代化建设是民主政治的实践出发点和重要目标。农民的民主素养和组织化程度、农村各权利主体的职能架构等与现代化进程仍有许多不相适应之处。随着农民生产经营自主权和农村经济管理体制的变化，农村基层权力结构必须进行适时调整，才能促进农村经济的持续发展，进而推动农村社会走向现代化。

1.2　研究现状综述

1.2.1　国内研究现状

中国是一个历史悠久的国家，虽有“皇权止于县政”的治理格局，但在与中央集权争夺的过程中，由于地方自治受“大一统”的思想影响，以及中央对地方割据的警惕，发展极为有限。在马克思主义国家理论中，自治理论是重要的一部分。因此，中国共产党在领导人民革命初期就比较注重以基层群众自治来推进国家民主化进程，如组织各种农会、妇救会等农民组织。中华人民共和国成立以来，中国共产党高度重视民主政治，特别是改革开放以后，充分尊重农民的主体地位，组织农民实现自我管理、自我服务，进一步丰富了党的执政实践和理论研究。“中国共产党在中国革命和建设的过程中，几乎在每一个历史关口都是以民主为开拓新局面的突破口的，这其中的道理很简单：只有民主，才能调动人们的积极性和创造性。”（林尚立）

把农民根据现实生产生活的需要自发组织起来进行自我管理的组织进行规范，并予以法律上的认可，是改革开放后中国共产党发展农村基层民主的重要举措。在 1982 年修订颁布的《中华人民共和国宪法》中，第 111 条规定“村民委员会是基层群众性自治组织”，自此“村民自治”成为农民参与政治生活的一种方式。民政部1994年下发的《关于开展村民自治示范活动的通知》中把“村民自治”的内涵丰富为“四个民主”。从“村民自治”到“四个民主”，既是农民民主权利内容不断丰富和实践过程具体化的体现，也是村民自治与农村基层民主政治建设密切关联的高度概括。

纵观国内学术界对中国农村基层民主的研究，从中可以发现，其研究的侧重点在改革开放前后有所不同。改革开放前，学界的研究深度和广度都很有限，研究内容多为对党的方针、政策的解释、论证，政治宣传超过研究问题。改革开放后，学术界才真正专注影响农村基层民主本身运行的各种因素、各种主体、各种环境等问题的研究，并取得了较为丰富的研究成果，特别是从两个视角，即自下而上的视角研究村民自治和自上而下的乡镇政府民主政治运行的视角，并从二者的“联动”中推进农村基层民主建设。学者选取了一些具有代表性的典型个案进行深入调研，也从整体上对中国农村基层民主发展进行了总结和预测，取得了阶段性的理论成果。随着国家工业化、城镇化的发展，农业、农村、农民问题又出现了许多新情况，特别是农民的维权意识不断增强，所以研究的重点从偏重农村村委会的民主选举转到选举之后的村民自治实践，即农村社会日常治理的运行方面。

近年来的相关研究大致有三种类型：一是从理论上深入研究基层民主及村民自治，代表性的论著有:《中国基层民主发展报告》(李凡，2007)、《基层民主》(高建、佟德志，2010)、《中国农村村民自治》(徐勇，1997)、《中国村民自治的理论与实践探索》(王振耀，2000)、《村民自治的理论与实践》(陈浙闽，2000)、《村治变迁中的权威与秩序》(吴毅，2002)等；二是实证性的个案研究和调研报告，代表性的论著有:《中国农村村级治理——22个村的调查与比较》(张厚安、徐勇、项继权等，2000)、《村民选举观察》(李连江，2001)、《村民自治进程中的乡村关系》(徐勇、项继权，2003)等；三是透过村民自治的发展历史性评价村民自治的成效与问题，代表性的论著有:《村民自治通论》(赵秀玲、白刚，2004)、《中国基层民主政治建设发展报告》(史卫民、潘晓娟，2008)

等。学者们的研究成果及时关注到了农村社会变化和农村基层民主建设面临的问题，对继续深入研究和推动村民自治为基础的农村基层民主发展发挥了有效的助推作用。

学者们的研究普遍突出了国家建构和社会环境变迁的研究视角。从现代国家建构的视角研究，中国农村民主取得了重要成果，如在《乡村治理与中国政治》《国家整合与社会主义新农村建设》（徐勇）和《村民自治：理论与实践的创新》（徐勇、项继权）等相关研究中，认为乡村治理在国家现代化背景中进行，实现对乡土社会的整合及现代性的建构是一个难题；从社会环境变迁的视角，许多学者也关注了在人口流动、农村改革等重大环境因素的变化中农村民主建设面临的新挑战，如在《挣脱土地束缚之后的乡村困境及应对——农村人口流动与乡村治理的一项相关性分析》（徐勇）、《社会排斥与经济歧视——东部农村地区移民的现状调查》（姚洋）等都有较深入的研究。

从国内学者的研究成果中可以看出，对村民自治和农村基层民主政治建设的研究重点相对比较集中，有的从理论方面对村民自治与基层民主建设诸多层面关系进行学理分析和功能定位，有的提出完善村民自治机制的原则和设想，还有的以解决农村社会具体矛盾为出发点的基层农村社会治理的对策等。不同学科的研究者以各自独特的研究视角和研究方法形成了对这一问题的不同认识。政治学界的研究主要是从村民自治推动基层民主建设的视角来进行，重点研究提高村民自治的水平，即有效发挥农民的主体性作用，鼓励农民积极参与到民主选举、民主管理等基层民主政治生活中，并且在实践中逐渐提高农民的参与能力，增强由浅层参与到深度参与的参与效能，以论证村民自治对农村民主具有不可替代的作用。法学界则依据宪法和有关法律，对村委会性质、“两委”关系、自治组织与乡镇政府及自治组织内部各种关系进行分析和界定，在此基础上就如何协调基层自治体系中各主体之间的关系，抑或为明晰各自权利还需要进一步完善有关的法律等进行研究。社会学界从国家与农村社会之间的关系角度，即国家政权包括基层政权在农村社会的基础建构、对农村社会的资源整合、对农村社会的阶层整合及动员进行研究，发现村民自治带给农村社会和农民的变化，研究如何以村民自治来协调农民之间、农民与基层政府之间、村民自治组织与基层政府之间的关系，保持农村社会稳定，促进农村经济发展。

这些论著和研究成果涵盖了村民自治和农村基层民主的涉及范围，既有政策的研究也有学理的研究，既有宏观的研究也有个案的研究，还包括二者的不同组合，如宏观的政策研究、个案基础上的政策研究以及学理研究（俞可平，2002），研究层次丰富多样。

在这些研究成果中，对“四个民主”的关注和研究程度不同。因民主选举实践最早、经验也最多，所以相关的研究及成果相对也更多，不过近几年关注“后三个民主”的研究也逐渐增多起来。但比较民主选举的研究深度和成果，在“后三个民主”研究方面的展开程度还比较有限。值得注意的是，也有一些学者以发展农村基层协商民主为途径研究如何使后三个民主有效运行。

总体来说，近年来国内学者对中国共产党各时期特别是改革开放以来村民自治为主的农村民主进行分析研究，形成了许多有意义的成果。但是，对中华人民共和国成立前后的基层民主理论和实践的研究多数是针对某个阶段和时期的研究，进行总体系统经验总结的并不多见；对于农村基层民主建设的个案研究较多，总体上把握的较少；在宏观上的研究虽然涉及基层党组织与村民自治组织关系的问题，但从学理和制度层面上研究执政党在其中的推动作用的并不多见。本书的研究将对以上三个方面有所侧重，丰富此类研究成果。

1.2.2 国外研究现状

近代西方的城市自治是在王权与教权斗争中产生的，随着经济社会的发展，其自治权利也在不断发展，在20世纪后期“治理理论”逐渐兴起。合作、协调是治理理论的核心，重点在于公民与各种组织包括政府组织的合作管理，而不是依赖政府的强制或者威权，研究内容为政治国家与公民社会、政府与非政府组织、公共机构与私人机构之间的合作。强调多方的协调合作，对促进各种组织各司其职及促进公共管理和服务有积极意义。中国改革开放以后，在深入研究村民自治与农村基层民主建设过程中，西方的治理理论被引入并在国内产生了一定影响。特别是《没有政府的治理》（罗西瑙）作为当前全球治理与善治理论的奠基之作，对全球化时代民主政治发展进行了路径分析，其思想对研究中国农村基层民主建设具有借鉴意义。

“社会资本”是一部分国外学者研究影响基层民主发展因素的另一个角度。20 世纪 70 年代末期，法国社会学家皮埃尔·布迪厄提出“社会资本”的概念，并且把它定义为“一种通过体制化关系网络的占有而获取实际的或潜在的资源的集中”，它包括公民彼此间的信任以及互惠合作相关的一系列态度和价值观，体现在那些将朋友、家庭、社区、工作及公私生活联系起来的人格化网络。此后，许多欧美学者都运用“社会资本”的理论来分析、比较不同国家和地区在经济水平和政治发展状况的差异，得出的结论或研究成果体现为“社会资本”的数量多寡、质量优劣与当地基层民主的发展水平和成熟程度有密切关联，并有大量相关著作进行了详细论证。其中，20 世纪 90 年代以来，美国哈佛大学教授罗伯特·帕特南在综合运用行为分析、制度分析、文化分析和历史分析的基础上，在其所著《使民主运转起来》和《独自打保龄》中着重对“社会资本”展开了深入研究，论证了基层社会中的“社会资本”对促进民主进步有重大影响，认为深化基层民主制度绩效首先要增加基层社会的“社会资本”。这些西方学者的相关研究成果为中国农村基层民主建设研究提供了新的角度和方法，对科学评价中国农村村民自治的成就、作用和影响提供了一定的参照标准，具有借鉴意义。

改革开放以来，中国农民的自主意识不断增强，特别是以吉林省梨树县北老壕村村委会的直选所创造的“海选”模式为代表的许多村民自治的实践探索，推动了农村基层民主建设的快速发展，提高了村民自治组织的自治水平，也加快了农村的发展。中国最广泛的基层民主实践引起了国内外有关学者的广泛关注。美国、加拿大、印度、日本等多个国家和地区的学者都对此进行了研究。他们的研究成果多从政治学或社会学的研究角度出发，对村民自治或农村基层民主的某些环节，如对民主选举等进行专门著述，也有从整体上进行概括性总结研究的，涵盖了中国农村基层建设的推动因素及发展意义，涉及制度构架、农村的经济和文化环境、相关的法律法规、村民自治组织与基层政府各组织间的关系等方面，并且对未来农村基层民主的发展趋势做了一定的探讨和预测。知名的学者主要有欧博文（Kevin O'Brien）、李连江、白思鼎（Thomas P. Bernstein）、戴慕珍（JeanOi）、柯丹青（Daniel Kelliher）、史天健、墨宁（Melanie Manion）、罗伦丝（Susan Lawrence）、郑永年、何包钢等。研究成果在 The China Quarterly，The China Journal，Modern China，The Journal of Contemporary China 等有关中国研究的学刊上发表。政治学的综合性学刊如 American Political Science Review，World Politics，Journal of Democracy，以及 Asian Survey 等也有此类文章发表。在一些国际学术会议中也有不少的文章关注了该领域的问题。总结这些论著，其关注的重点及研究成果主要有以下三个方面。

一是农村基层民主建设引起的社会生活变化和政治效果。学者们的研究触点深入村庄，并通过深入观察阶段性和持续性的变化力求能够对该问题进行实效性的研究，如农村实行直接选举以后，村委会与村党组织之间、村民和村干部之间、村级组织和乡镇政府之间有哪些变化等；村民直选村委会对“两委”间的工作指导关系有哪些影响；党和政府推动民主政治发展的目标、地方干部的服务意识或价值观念，以及利益的驱动等都是影响农村基层民主选举制度改革的重要因素。他们研究的具体结论存在一定差别，但总体上认为基层民主的发展促进了社会进步，也巩固了中国共产党的执政基础。

二是民主发展与经济发展的关系。有学者认为经济发展水平对基层民主发展特别是民主选举具有重要影响；也有学者认为越是在经济落后地区越有用现有资源掌控基层民主发展的有利条件；还有学者认为经济发展与民主发展二者间没有必然的联系，关键是国家在基层民主发展中进行的制度设计和引导。

三是由民主选举为起点带来农民权利意识的提升和维权行动的主动化。有学者认为，正是选举极大地提高了村民的政治意识，使农民开始有意识地捍卫自己的权利，包括与选举权相关的监督权和罢免权等，不仅仅是土地等经济方面的权利，并且多数情况下农民的维权是在制度内的维权。

在以上的研究中，许多学者的结论、观点不尽相同，甚至有较大的分歧。这不仅是因为各自的案例数据差异较大，也因为中国现实各地农村民主发展的情况本身就是多种多样的，再加上学者们研究的视角不同，所以研究的差异性是不可避免的。但总体上说，国外学者们在研究方法、研究结论和问题建议等方面，还是可以给我们提供一定借鉴的。

1.3 研究思路及研究方法

1.3.1 研究思路

本书以马克思主义民主理论为基础，通过总结中国共产党成立以来领导农村基层民主建设的历史经验，对各方调查状况进行总体把握的基础上，分析当代中国农村基层民主建设中取得的成就、存在的问题，提出具有中国特色、符合中国社会现实的农村基层民主的路径选择，为推进党领导的农村基层民主建设提供更丰富的理论和决策参考。

1.3.2 研究方法

文献研究法。本书的研究涉及马克思主义经典理论对民主的有关阐述，以及中国共产党在各个历史时期尤其是革命战争年代进行农村基层民主建设的理论与实践，包括党的相关文件。本书通过查找、阅读大量文献来了解相关问题，总结中国共产党农村基层民主政权建设成功经验，以求对研究内容进行全面、客观地了解和掌握。

系统分析法。农村基层民主建设不仅仅是农民自己的事情，涉及党的领导在其中发挥的重要作用，涉及基层政府的工作职能转变，涉及民主建设的制度设计，涉及中国传统文化和农民的思想认识等很多方面，所以运用系统分析的方法能够对该研究所涉及的领域从整体上进行把握、系统性地进行分析与研究，避免以偏概全或孤立地看待问题，努力达到对问题全面把握的基础上形成规律性的认识。

理论联系实际的方法。马克思主义揭示了社会发展的一般规律和无产阶级革命斗争的规律，争得民主、实现人民群众的民主权利是马克思主义政党的历史使命。马克思主义民主理论以及中国共产党历时百年推动中国民主进程的历史经验和创新理论是进一步研究的理论基础，同时充分考虑基层民主建设的实际情况，坚持一切从实际出发，注重解决农村民主建设中存在的突出矛盾和现实问题，从而更好地推动我国基层民主事业发展。

1.4 创新点与不足之处

1.4.1 创新点

在总结中国农村基层民主建设经验中，本书提出把共同利益作为农村基层民主建设的基础，强调中国共产党的领导是关键，以制度化建设为重点，让人民群众真正享有民主权利，进一步丰富了中国农村基层民主建设经验研究。

书中在加强农村基层民主建设的研究中，以中国共产党领导中国革命、建设和改革的历史经验为借鉴，提出健全农村基层民主形式是重要途径，并且对农村基层协商民主的主体培育和协商机制方面进行了研究。

1.4.2 不足之处

中国农村地域广阔，各地差别比较大，农村基层民主建设涉及的问题也因此复杂多样，本书的研究难免存在不全面、不准确之处。推进农村基层民主建设的过程，也是一个创新基层社会治理体系的过程，该问题涉及社会学、政治学等学科研究的综合运用，在坚持马克思主义基本理论的基础上将几方面研究有机结合的论述还不够系统完整，需要在以后进一步深入研究。

第2章
中国农村基层民主建设的内涵和特点

民主内在包含于社会主义的要求之中，社会主义与民主不可分割。早在俄国十月革命前夕，列宁就说过："没有民主，就不可能有社会主义。"①中国改革开放之初，邓小平也说过："没有民主就没有社会主义，就没有社会主义的现代化。"②

中国共产党历来把推进基层民主建设作为自己的重要任务。早在新民主主义革命时期，中国共产党在艰辛的革命探索中认识到注重依靠和发挥人民群众的积极性和创造性的重要性，让人民群众共同参与革命根据地和解放区的民主建设，开启了中国共产党在农村基层领导农民实现民主权利的历程，改变了农民的生活面貌。中华人民共和国成立后，随着各级人民政权的建立，基层民主建设在全国范围内逐渐展开，从此，中国共产党带领中国人民开始了当家作主、主宰自己命运的历史。社会主义基本制度建立后，基层民主建设也积累了更多的经验，但由于主客观方面的原因，社会主义建设走了一些弯路。特别是在"文化大革命"时期的所谓"大民主"极大地破坏了社会主义民主和法治，留下了极为深刻的教训。党的十一届三中全会后，"左"的错误得到纠正，在开辟中国特色社会主义道路过程中，基层民主建设也逐步走上了健康发展道路，农村基层民主也纳

---

① 列宁选集（第2卷）[M]. 北京：人民出版社，2012：782.

② 邓小平文选（第2卷）[M]. 北京：人民出版社，1994：168.

入制度化和法治化的发展轨道。

改革开放以来，广大人民群众在现代化建设中的主体意识、创新意识得到尊重和保障，在中国共产党的领导和支持下，中国建立了以农村村民委员会、城市居民委员会、企事业单位职工代表大会为主要内容的基层群众自治体系，构筑了城乡居民依法自治、行使民主权利的基本制度框架，包括对所在的基层组织的公共事务和公益事业实行民主自治。四十多年的实践证明，这一基层民主实践基本适应了中国社会改革发展的客观要求，在相当程度上满足了人民群众的民主需要，形成的制度体系、自治机制也构成了中国特色社会主义民主政治的重要内容，而村民自治作为最突出的成就还引起了国际社会的广泛关注。基层民主的范围不断拓展，不仅涵盖了占人口大多数的农村，而且由村民自治引发的农村基层民主已经走出村级，向乡镇扩展。作为体现人民当家作主的重要实践，村民自治充分体现了农民的主人翁地位，结合中国社会的历史文化传统和改革中农村社会结构的变化，不断创新的民主选举及民主管理的丰富多样的民主形式，对中国的民主政治产生了巨大影响，也是中国社会全面进步的突出表现。

2.1　中国基层民主建设的内涵

从民主在社会结构中的不同层次实践可以分为基层民主和高层民主。

以民主作为管理国家的形式来说，各主体共同决定国家和社会事务，是民主的内容在国家政治生活中的体现，这一形式在资本主义国家和社会主义国家是相同的。但从本质上来说二者却是截然不同的。在资本主义国家，由于种种条件的限制导致普通劳动者是被排除在国家最高权力机构管理之外的，实际上也没有权利参与国家社会重大事务的管理。而在社会主义国家，人民群众在法律上是平等的，在实现民主权利上也是平等的，所以劳动者有权利、有机会参与国家社会事务的管理，而且国家的权力机关就是由人民选举的代表组成的全国人民代表大会和地方各级人民代表大会。当然，目前的这种高层民主的实践属于间接民主。这是由中国的国情所决定的。基层特别是农村先行一步，首先应满足农民经济发展的迫切需要，还可以让农民经受民主的锻炼，基层民主的发展有利于推动高层民主发展。

在民主的设定模式中，离开了公民的参与，民主统治就失去了运行的基础和条件。民主的层次不同，参与的方式也不同。直接民主体现出人民群众直接参与政治生活的方方面面，与高层民主经常体现为间接参与不同，所以，基层民主一个显著的特点就是直接性。人民群众直接选举产生人民代表和政权机关的主要官员，并且有权利对他们进行直接监督，通过一定程序罢免不称职的代表和官员；对基层社会生活和公共事务有权参与决策，以及对所在基层单位的有关事项有知情权和批评建议的权利。直接民主在农村就是以村民自治为核心的农民实现民主权利的实践。村民自治是村民直接选举村民委员会，直接参与本村公共事务的管理和决策，实行村务公开，村民对村委会的工作进行民主监督。村民可以通过村民大会（村民代表会议）直接参与村务管理和监督。基层民主的发展中群众民主意识的培育和民主机制的探索为高层民主的发展提供了经验和社会条件，也是推动政治体制改革的重要动力。

中国共产党在新民主主义革命时期发动农民来推翻反动阶级的统治可以称之为“革命的底层动员”。[①] 这里的“底层”指的就是“下层”，鉴于当时中国的社会状况，生活境遇最悲惨、受压迫最严重的就是广大民众，特别是农民，没有人身自由和安全保障，在整个社会中处于最底层，连基本的生存都难以为继，就更谈不上拥有什么权利和民主，在国家政治生活中也没有他们的一席之地。

中华人民共和国成立后，处于社会“底层”的人民群众成为国家的

① 吴重庆．革命的底层动员［J］．读书，2001（1）．

主人，拥有了平等和自由权利。因而，经常使用“基层”来泛指广大人民群众生活的空间范围。根据宪法的规定，基层具体指：县、自治县、县级市、乡、镇、市辖区、城市街道，村民委员会、居民委员会以及工厂、学校、医院、商店等企事业单位。目前已经形成了由农村村民委员会、城市居民委员会和企事业单位职工代表大会构成的基层民主自治体系。

关于基层民主的范围，学者们根据研究重点划定的界限有所差别。有的认为基层政权机关的民主运行不属于基层民主的范畴，但人民群众对基层政权机关的民主参与和民主监督则属于基层民主的范围（林尚立）；有的认为，农村基层民主包含“两个层面、三大板块”，即包含村与镇两层，乡村两级党组织内的党内民主、乡镇人大与政府的国家民主以及村民自治为主的社会民主三块（浦兴祖）。① 本书论及的农村基层民主，在层次上以村级民主为主同时兼顾乡镇民主，在范围上以村民自治为主，同时也涉及村党组织和乡政府。

我国农村基层民主主要是由乡镇人民代表大会、乡镇人民政府、村民委员会的民主建设构成，乡镇企事业单位和农村社会组织也应包含其中。乡镇人民代表大会是国家政权机构在基层的最高权力机关。从纵向和横向两个维度来看，乡镇人民代表大会处于比较特殊的地位。纵向上，它是国家权力体系的基础，也是整个国家机构体系的基础和重要组成部分；横向上，它又是乡镇政权的权力机关和监督机构。乡镇人民政府作为乡镇人大执行机关主要行使行政职能。乡镇人民政府是最基层一级的行政机关，既要执行上级的各项指示和决策，落实社会主义建设的具体任务，但作为最广泛接触到农民的行政机关则更要体现其人民政府的性质，是直接协调工农关系和城乡关系的重要连接点。村民委员会是农民自治组织而非一级行政机关。村民委员会作为农民根据生产生活的需要自发形成的自治组织，在实践中获得了广大农民的认可，进而在国家法律层面和政府行政职能的

① 浦兴祖 . 农村基层民主：由村向乡镇分步递升［J］. 探索与争鸣，2009，（4）：25.

联合推动下在全国范围内获得制度化、规范化的发展，并且成为村民自治的重要组织载体。把以上三个方面的农村基层民主建设紧紧联系在一起的就是农村基层的党组织。中国共产党从成立之初，就以实现人民民主为己任，作为执政党，在社会主义建设和改革中就是要充分给予人民群众自主权，在农村就是引导农民实现自我管理、自我服务。

综上，农村基层民主建设是指在中国共产党的领导下，通过改革和调整不适应社会主义市场经济需要的农村基层管理思想、管理制度和管理方法，以建立农村基层管理的新机制，不断扩大农村基层民主，加强社会主义法制，保证人民群众直接行使民主权利，依法管理自己的事情，创造自己幸福生活的社会主义民主最广泛的实践。

2.1.1　完整的民主实现过程

选举是民主权利的重要体现和主要内容，但不能把选举归结为民主的实质或者全部内容。民主权利在基层民主政治建设中不能狭隘地被理解为仅仅是民主选举的过程。在广大的农村和城市以及各企事业单位都是基层民主的实践基地。现实生活中的民主内涵是相当宽泛的，包括选举、决策、管理、监督等活动，也就是说基层民主实践是包括民主选举在内的整个政治参与的全过程。这也体现出我国与西方民主的鲜明差别。西方民主几乎异化成为几年轮番一次的选举，人民在选举这一刻才是行使民主权利的公民，而对于与自己生活息息相关的各种事务，对政府的经济、政治和文化政策都很难拥有实质的影响力。选举中许多政客为了拉拢民众选票许下的种种承诺在选举后都不能兑现，甚至背道而驰。格雷格·鲍威尔在2012年4月发表的《全球议会报告》中指出："民众对议会所审议问题的真正影响是有限的。"实际上，看似热闹的全民选举不过是代表几个不同利益集团的政党争夺权力的游戏而矣，而与普通民众的民主权利距离甚远。

在中国特色社会主义民主实践中，不仅有民主的国家制度安排，而且体现在现实生活中。广大人民群众对涉及经济、文化和社会生活的事务都可以参与，尤其是基层民主中拥有广泛的参与权和监督权。例如，在基层民主的四个环节中，包括确定候选人的人选、需要民主决策的事项、民主管理和民主监督的内容都要有充分的参与酝酿、讨论协商的过程。就民主的层次与内容来说，它包括公民在社会生活中的各个层次、各个领域的有序政治参与以及依法对国家社会生活事务的知情、决策、管理和监督等各项权利。

2.1.2　丰富的民主权利内容

中国共产党领导的基层民主政治建设，始终遵循的一个基本思路就是以人民群众的切身利益作为民主建设的重要内容，通过参与基层民主的实践，人民能够表达自己的利益诉求，使自己的各种权利得到保护，从而获得现实的利益。广泛性是基层民主的另一个显著特点。从政治民主到经济、文化、教育、公共服务、生态环境等领域都是民主权利应包含的内容。在这些民主权利中，虽然最重要的是政治民主，但把民主局限于政治是错误的。毛泽东在 1944 年就说过，民主必须是各方面的，是政治上的、军事上的、经济上的、文化上的、党务上的以及国际关系上的。①

中国特色社会主义制度也孕育了许多基层社会自治制度的因素。正因如此，基层民主从内容到形式不断丰富和创新。在农村，通过村、社会团体和各种民间组织，以村民自治为核心探索各种民主实现形式，形成以广泛参与为特征、以少数服从多数为原则、以权力制约为保障的民主治理机制。包括选举、审议、票决、公示、沟通、协商、听证、论证、述职、评议、测评、申报、质询、问责等，都是广大人民群众依法享有的民主权利。

广大村民普遍拥有民主管理的权利。除了户籍在本村且在本村居住的村民可以参加本村选举以外，考虑到城镇化建设中农民流动较为频繁，户

① 毛泽东文集（第 3 卷）[M].北京：人民出版社，1996：169-170.

籍与居住地不同的客观条件，以更多灵活的规定便于农民参加选举。例如，在籍不居住但本人表示参加选举的村民，以及不在籍但在本村居住一年以上的、经村民会议或村民代表会议同意其申请参加选举的都可以参加选举。在公共服务方面，村庄社区的服务不仅面向本村村民，还包括外来务工人员在内的外来村民。借助公共服务体系这一平台，处于比较分散状态的村民在一些共同关注的问题上有了交集，随着对这些问题的关注与参与，彼此间联络、沟通的机会也逐渐增多，拓展了乡村民主生活的空间。尽管整体上农民的文化素质并不是很高，但参与村庄事务管理的实践也让农民积累了参与、协商、决策的知识和技能，对民主、权利、责任的理解逐渐加深，对有效实现民主权利需要的合作意识、规范意识、共识意识不断增强。

民主权利的内容的广泛性不仅体现在拥有选举权和被选举权，参与决策、管理和监督等方面，而且随着社会生活的发展，民主实践的范围不断拓展，从以往的以调解民间纠纷、协助维护社会治安为主，发展到越来越多关注村庄公共事务和公益事业以及促成各种合作经济组织等事项；在社会公共服务和救助方面也开始向就业服务、卫生健康、文化教育、体育事业等领域拓展。

所以中国社会主义制度下人民享有的民主，不是只停留在选举的民主，而是包括参与管理和决策的民主，以及对各级权力机关和公共事务能够进行监督的民主，是一个具体而丰富的权利体系。

2.1.3　多重的民主实现条件

许多主客观因素都影响着民主的实现程度，如民主意识、民主制度、民主实践环境等。

发展民主的经济社会条件。中国的历史发展与西方国家不同，历时更长的封建社会使中国比较缺乏民主与法制的传统。这种特殊的国情是确立社会主义民主制度必须考虑的条件，也是深入进行民主实践的现实土壤。

一种设想是自上而下建设民主，逐层推进，认为高层政治的民主化才是对整个社会民主发展起决定性作用的；而另外一种主张是自下而上的发展来推进民主，认为最重要的是通过基层民主的实践、文化的发展和社会结构的变迁来推进整个民主化进程。实际上，中国作为一个后发型的国家，民主的成长更离不开经济发展和社会的基础，不应该任意地设定其发展，正如邓小平所说，民主化和现代化一样，要一步一步地前进，不能用“大跃进”的做法，[①] 所以经济发展不但是民主发展的重要条件，而且是决定民主进程的重要条件。同时，也必须认识到，要在缺少民主传统和民主基础较薄弱的情况下加快推进民主发展，还需要相应的法治保障，形成自治组织与政府和其他组织的和谐关系，这些都需要在深化改革中逐渐完善。所以，中国的民主化发展应该是一个渐进式的推进过程，其中既要有高层的民主建设即顶层的制度设计，也要有基层的民主建设，而基层民主建设意义更为重大。坚持人民群众主体地位，中国共产党对这一问题的认识是比较清醒的，从党的十五大强调扩大基层民主的导向，到党的十八大提出的完善基层民主制度，体现出在改革中尊重人民群众的实践、结合中国的国情，逐步完善各方面的体制，使人民群众拥有民主权利内容不断丰富。

发展基层民主的体制条件。在公权力与公民权利方面，就是明确政府、政党在基层民主建设中的地位与作用的基础上，要求政府改变管理方式实现职能转变。而服务于人民群众的现代化的政治体制是基层群众自治发展的体制基础。

发展基层民主的政治保障。基层民主有序发展离不开党的基层组织建设及其引领作用为其提供的政治保障。这体现为在发展民主过程中，中国共产党作为执政党与基层群众自治的关系，这是在别的国家基层民主实践中不存在的问题，但在中国就是带有中国特色的特殊的问题，也就是说中国的基层民主一直是在党和政府的主导和推动下进行的。特别是党的十七

① 邓小平文选（第 2 卷）[M]．北京：人民出版社，1994：168、257.

大明确提出要健全党组织领导下的充满活力的基层群众自治机制，再次强调基层民主发展中党的领导地位。没有党和政府的主导，就不能保证民主的有序发展；没有人民群众的参与和创造，就没有民主的活力。纵观世界上一些发展中国家民主化的历程，特别是盲目照搬西方民主和自由主义的惨痛教训，带给我们的重要启示就是国家和主导型政党的作用是很必要的。在全面深化改革的过程中，中国共产党加强基层组织建设，不仅使党的领导深入社会基层，而且更重要的是发挥了党在基层民主建设中的政治领导和政治保障作用；不仅能够成为基层民主发展的推动力量，更重要的是能够保障民主的正确发展方向。

发展民主的法治保障。群众自治，关键在依法。建设基层民主的过程，离不开法律法规框架的约束和规范，民主与法治相伴相行，民主发展的过程也是社会法治化程度不断提高的过程。从中国基层民主的发展历程来看，首先尊重人民群众的首创精神，允许人民群众的尝试和探索，对效果好的改革总结经验后进行规范和推广。一方面基层自治的实践经验为制定相关的法律和规定提供了基础，另一方面法制的逐渐完善也为整个基层民主的发展提供保障。除了《宪法》外，《村民委员会组织法》和《居民委员会组织法》是基层群众自治的基本法律。它们使基层民主建设有了最根本的法律依据和保障，也应是各方体制机制创新所必须依据的基础和准则。尽管某些内容较为侧重原则而不够具体，但其规定具有一定的超前性，其蕴含的民主法治精神是对未来民主建设发展趋势的重要指引。

2.1.4 多样的民主实现形式

民主的实现作为社会公共权力与利益分享的过程，通常分为直接民主与间接民主即代议制民主。

直接民主，指的是公民作为国家的主人直接管理自己的事务，而不通过中介和代表。所谓的直接民主一般意味着两种含义：一是指具体问题的最终决定权由民众以直接参与的民主方式来作出，但对于整个国家的民主制度而言，其主体制度仍属于间接民主，以代议制的形式进行国家管理；二是指整个国家的民主体制全部实行直接民主，如雅典民主。实行直接民主制度需要具备很多条件，如人口总数很少，每个人的民主能力和条件大致相当等。

间接民主，指的是公民经由自己选举出来的代表参与国家和社会公共事务的管理以及制定法律规范，也称为代议制民主。间接民主要求有监督机构对代表及政府进行监督和防范。代表制的间接民主是当今世界各国的主要民主形式。马克思认为，公社的普选制就是代表制的间接参与的民主形式。中国十几亿人口，分布地域广泛，而且各地差别很大，把所有民众都聚集起来开会实现直接民主并不现实。所以就需要通过代表来行使人民的权利，从而有效地扩大民主的范围。人民选举自己的代表组成代议机关即各级权力机关，代表们对国家和社会发展各项事务进行讨论和表决，对于广大民众来说，代表们行使自己权利时也就是间接地实现人民群众当家作主的权利，如人民代表大会制度。各级行政机关和司法检察机关由同级权力机关选举产生，对它负责并受它监督。

但是在广大的基层社会，直接民主更能够体现主权在民。人民亲自参加管理公共事务的权利，是最广泛最有力地吸引全体民众参加政权和社会公共事务管理的形式，也最能体现民主的本意。人们在日常的生产生活中通过直接参与表达自己意愿和利益的方式，是切实增加政治效能感的有效方式。马克思创立的共产主义者同盟就是一种自治的直接参与的民主形式。“组织本身完全是民主的，它的各委员会由选举产生并随时可以罢免，仅这一点就已堵塞了任何要求独裁的密谋狂的道路……现在一切都按这样的民主制度进行。”[①] 这对于基层民主建设来说更具有现实意义。

自治的直接参与民主是基层民主的主要形式。直接选举、直接参与等都是直接民主典型的体现形式。代议制或者间接民主所决定的多为国家社

① 马克思恩格斯选集（第 4 卷）[M]. 北京：人民出版社，2012：207.

会发展的重大事项和较大范围的公共事务，这些重大事项和公共事务虽与人民群众都有密切的关系，但并不适合所有民众的直接参与。而对于普通民众来说，更容易、更直接感受到的是与日常生活有关联的事务，也是他们可以通过看得见摸得着的直接参与来维护自己权利的事务。如在自己生活的社区内或工作的单位参与选举以及管理、监督等活动，可以直接体现其对这些事务的影响。这种直接的民主参与能够比较准确、有效地反映出民意。特别是在广大农村基层群众自治的过程中，亿万农民通过公平、公正、公开的办法直接选举产生自治组织。扩大直接民主也是民主政治发展的趋势和要求。随着对民主认识的不断深入，我国也在实践中不断探索直接民主的多种形式。

如果人民仅有投票权或者把投票权当成了对国家社会事务的管理，这种民主只是形式民主而已。所以，尽管选举民主制度在许多国家都已经相对成熟和完善，但对于民众来说，这种选举没有多少权利的实效性，民众并未真正拥有实际的民主权利，这也是许多国家的大选民众参与率并不高的原因。在选举后的民主参与，尤其对于基层民主参与者来说，讨论、协商、合作等是更能够体现实质内容的民主。因为无论是从参与主体的广泛性、协商内容的广泛性，还是民主参与的常态化等方面都具有选举民主无法替代的优势，是更能体现人民群众对社会事务的实质参与的民主，如居民大会、居民议事会、社区论坛、参与决策等。“在中国社会主义制度下，有事好商量，众人的事情由众人商量，找到全社会意愿和要求的最大公约数，是人民民主的真谛。”①

广大的农村地区的农民实现政治参与、行使民主权利除了民主选举之外，协商民主以其直接性、多样性，以及农民对村务的广泛深入参与的特点，也成为一种直接实现民主权利的形式。在村民自治实践中，很多类似村民议事会或民主议事会等民主形式，为村民讨论、协商涉及本村发展事

① 习近平．在庆祝中国人民政治协商会议成立65周年大会上的讲话［N］．人民日报，2014-9-22（第2版）．

务提供了常态化的平台，是村民能够广泛参与、讨论和决策的治理形式。例如，浙江温岭民主恳谈会、河南邓州“四议两公开”、广东梅州蕉岭模式、吉林辉南“民主议事制度”等，实现了民事、民议、民决，充分体现了民主权利的真实性和直接性。

此外，还有参与式民主，如保障群众的知情权的社会公示、政务公开，影响本村或者公共利益的重大事项的社会听证、征求意见，以及表达诉求和进行监督的人民信访、民主评议等，探索与具体民主权利或事务相结合的直接性或半直接性参与也是基层民主的发展趋势。

2.2　中国农村基层民主建设的特点

国家权力来自于社会，国家本身就是人民对经济、社会等方面的不同层次的自我管理，强调人民对国家的管理。西方的民主理论也普遍认为，民主的基础是“自治”，是各个层级的“基层民主”。科恩认为，关于民主，我们不能只占有它，树立它，而是要继续不断地在行动中实现它，体验它。[①] 这说明政治参与是公民实现政治权力的重要手段，也是推动一个国家文明进步和政治现代化的重要力量。世界上多数政治学家都承认公民的政治参与活动对民主政治的作用。罗伯特 · 达尔在回答什么是民主时，把这种参与列为首要标准。[②] 科恩则完全用政治参与的广度、深度和范围来衡量政治民主的尺度。可以说，离开了实践的民主是没有意义的。

但民主的参与或者实践受到许多外在条件的制约，这些外在条件又取决于一个社会的政治、经济和文化的各个方面，即受制于各国的具体国情。如政党制度、行政效率、民众的素养与理性等。这些差异也决定了民

① ［美］科恩 . 论民主 . 聂崇信、朱秀贤译，［M］. 北京：商务印书馆，1988：40.

② ［美］罗伯特 · 达尔 . 论民主 . 李伯光、林猛译，［M］. 北京：商务印书馆，1999：43.

主实践的多样性。而基层民主作为一种直接民主，是指公民在社会基层直接参与政治的民主，也可以说是一种积极民主。这样的积极民主需要一种整体制度的建构，需要全国范围内的、自下而上的政治直接参与，更会因各国情况不同而有差异。很多国家在实行的方式就是直接参与式的民主，即基层群众对经济、社会事务实行直接参与、直接管理，如美国的乡镇会议。

中国的基层民主尤其是农村基层民主的实践，党和政府也在一直致力于推动群众的直接参与。中国农民的政治参与状况甚至直接决定着整个国家的政治面貌，是衡量和检验中国民主政治发展的重要标志。对于缺少民主传统的中国社会来说，实践基层民主不可缺少的是培养农民的参与意识，让农民掌握民主参与的方式和工具，当然也要使基层政府受到群众的监督。其内容包括民主选举、民主决策、民主管理和民主监督等一系列政治活动。村民自治是中国农村基层民主的重要形式，农民的政治参与主要是通过村民自治的渠道实现的。村民自治的实质是在民主选举的基础上，实行村务公开、民主管理。村民自治构筑了中国基层民主政治的基础框架，为中国农村社会赋予了现实的民主内容，是社会主义民主最广泛的实践，更是在把握理论的科学性与实践的现实性基础上的民主创造性实践。

2.2.1 实现民主主体阶级性与群众性的统一

阶级观点、阶级分析方法，是马克思主义的重要组成部分。世界上没有超阶级的、抽象的、纯粹的民主。马克思的民主观与其他资产阶级学者的民主观最重要的区别在于，他们更多的关注民主的形式，而马克思则揭示了民主的本质，强调民主具有鲜明的阶级性，在阶级和国家存在的社会中，只有具体的、阶级的民主，而没有抽象的、超阶级的民主，民主是统治阶级实行阶级统治的形式。同时，按照马克思主义的唯物史观和群众观，社会主义民主必须是人民的民主，因为人民群众是社会历史的真正创造者，他们理应是国家权力和社会利益的真正主体；只有与人民群众的实际需求、政治意愿和认识水平相适应，民主政治才具备其合理性，才能体现民主的真正意蕴和积极价值。[①]

目前阶级矛盾已经不再是社会的主要矛盾，但阶级斗争还在一定范围内长期存在。不但如此，随着社会主义市场经济的发展和农村社会利益结构的多元化，农民阶级内部也出现了新的分化。中国四十多年的改革开放，在现代化和国际化的双重冲击和挑战中，农村的社会分层也在加剧，农民、工人、私企老板、管理者等群体的利益多元化，他们都需要公平合理的利益表达；同时城镇化和社会主义市场经济的发展中也凸显许多社会矛盾，农地征用、环境污染、农村集体经济、干群关系等，因此形成有效的矛盾化解机制也是推动农村基层民主不可或缺的方面。

农村基层民主的群众基础和农民主体地位的体现始终是社会主义民主遵循的一项原则，尤其面对人口众多、农民人口又占大多数的现实国情，能否体现民主的群众性也是检验社会主义民主发展的一个重要标准。而现实中多元化的农民群体权益如何得到保障，不同阶层农民的民主权利如何得到最大程度的整合，则是体现马克思主义民主观群众性要求的难点和重点，也是考验党和政府执政能力的现实问题。

2.2.2　民主内容现实性与趋势性的统一

人民当家作主是社会主义民主的本质要求，也是社会主义民主发展的既定目标。但是，如同社会主义本质要求共同富裕的实现是一个逐渐发展的过程一样，人民当家作主也是一个朝着既定目标前进的过程。

中国的现实国情就是经济文化相对落后、民主传统十分缺乏，又处在重大的历史变革时期，数亿人直接参与政治生活也意味着民主政治建设面临着很多复杂情况，而村民自治作为一种历史上还未曾有过的民主化治理

① 江西省社会科学院课题组．马克思主义群众观与当代中国民主政治建设［J］．江西社会科学，2011（2）．

机制，也不能盲目推动民主进程，而必须循序渐进。

尽管民主的最终目标需要长期的过程才能实现，然而民主不是遥远虚幻的目标，它需要在现实生活中得到体现，尤其要体现在人民群众日常能够感受到的实实在在的利益上，使看不见摸不着的民主权利，转化为村里耐用的柏油路、设施完善的学校、按时发放的低保金、合理的征地补偿和安置，以及公平的社会保障等。而深刻的教训也证明，依靠政治运动和政治激情来维持“大民主”，缺乏实践的理性，没有经济发展和民生改善的民主是不可持续的，更是脱离了现实需要的。所以当前农村基层民主的建设首先要以实现和保障农民的基本权利为重点。对与农民利益相关的、地域性较强的自治范围的公共事务，要全面完善实现村务公开。

建立民主制度与培育民主自治要同步推进，但培育民众的民主实践理性，这要经历一个过程。中国近四十多年基层民主实践的一个经验和特点是，群众自治从产生到广泛实践，都是在国家法律制度的规范下有步骤、有秩序进行的，不断调整方式与制度创新，使基层民主逐渐走向制度化，保证了社会稳定也就保障了群众的利益。

2.2.3 民主利益局部性与整体性的统一

民主的基础源自利益，从自身利益出发进行民主活动是主体的本能驱使，对于现实社会中的人来说无可厚非。但是，在发展社会主义市场经济和社会转型过程中，除了农民群体本身的分层和利益分化以外，城乡差别还在相当程度上存在，尤其是城市人口与农村人口之间，由于他们对社会资源拥有的差别，他们在话语权方面也显示出强弱不同。也就是说对于农村的基层民主建设不能仅仅囿于农村，更要把它放到整个社会的民主建设中去考量。没有农村基层民主的发展，就没有中国民主政治的进步；没有城乡和谐的民主发展步调，也难以使民主走向秩序与持续发展。

从延续几十年的城乡不平等选举权抵消了农民对城镇居民的人口优势，造成农民在政治、经济和社会领域中处于弱势地位，到 2010 年选举法修正案取消了“四比一”的比例，实行“同票同值”，这意味着城乡居民享有民主权利的差别开始消弭。这种差别的逐渐消弭，必然会增加农民个体民主力量、农民群体的民主政治的聚集，进一步形成均衡有序的民主政治结构，逐步向社会主义民主的目标迈进。

同时，政治稳定是社会秩序稳定和经济可持续发展的重要因素。政治稳定的关键是能否动员农民在更多认可现存政治体系而不是反对它的条件下参与政治。[①] 农民行使平等的选举权意味着真正由自己“当家作主”，也为农民实现其他基本权利提供重要基础，从制度上确保农民充分享有宪法规定的民主权利。

选举法历经 60 多年的实践，实现了城乡居民按同样的人口比例选举人大代表，意味着城乡居民可以平等地参与政治生活、行使民主权利，但要实现民主决策、民主管理和民主监督等这些民主的实践环节的真正平等，仍有很长的路要走。

2.2.4　民主权利社会功能与基层管理的统一

社会功能是社会主义民主的价值表现。人民当家作主是社会主义民主的本质规定，而这种当家作主首先要能够把自己的意愿充分表达出来。邓小平曾指出：“民主政治的好处，在于它能够及时反映各阶级各方面的意见，使我们能够正确地、细心地考虑问题、决定问题。”让广大农民充分表达意愿是进行民主决策尤其是对事关农村发展和农民利益的事项进行决策的重要条件，也是增强决策的正确性和科学性不可缺少的环节。正如邓小平所说的，“让各方面的意见、要求、批评和建议充分反映出来，以利于政府集中正确的意见，及时发现和纠正工作中的缺点、错误，把我们的

---

① ［美］塞缪尔·P. 亨廷顿 . 变化社会中的政治秩序［M］. 王冠华，刘为等译 . 上海：上海人民出版社，2008：241-242.

各项事业推向前进”。[①] 基层民主与群众利益密切相关，所以最能调动人民群众的积极性和创造性。民主是解放思想的重要条件，这是邓小平在《解放思想，实事求是，团结一致向前看》一文中的一个重要论断。只有广大人民的积极性和创造性充分发挥出来，国家和社会的发展才会获得源源不断的力量，才能实现中华民族的伟大复兴。

民主可以化解人民内部矛盾，保障稳定的社会环境。随着改革和经济的发展，各方利益差别和矛盾变得更加复杂，要充分发扬民主来协调各方面的利益关系，使大家各得其所；要以整体利益和大局为重，积极稳妥地推进改革。

民主还能有效监督公职人员，防止腐败。公职人员代表人民的意志行使人民赋予他们的权力，这种职能具有一定的独立性，有可能产生权力与权力主体的异化，就有可能产生官僚主义、以权谋私等危害国家和公共利益的腐败行为。怎样避免政府腐败而亡？毛泽东在 1947 年同黄炎培讲到兴亡周期律的时候指出，办法就是民主监督。邓小平也多次强调，要有群众监督制度，让群众和党员监督干部，特别是领导干部。这样才能保持政府清廉，保证人民权利不受侵害。

基层民主不仅仅是人民当家作主的具体实践，也是对社会公共利益进行合理有效分配的基本途径。广西宜州合寨村的村民自发组织的对村庄公共事务进行的自主管理，吉林省梨树县的“海选”，湖北省广水市等地的“两票制”，以及浙江温岭的“民主恳谈会”等，这些都是人民群众反映自己的意愿、表达合法诉求的渠道，同时也是参与制定社会利益分配方式的途径，也是有效实现社会管理的途径。通过推动基层民主的发展，丰富群众参与、协商、表达的途径，从而推动社会管理的体制、机制创新，实现政府力量、社会资源与群众智慧的有效结合，并最终促进共有、共建、共享的社会发展状态。

① 邓小平文选（第 2 卷）[M]. 北京：人民出版社，1994：187.

总而言之，民主本身就是价值，其重要的现实意义在于为经济持续稳定的发展提供基础性保障，可以成为社会和谐发展的内在稳定器。这已经被中国农村基层民主的实践所证明。民主尤其是基层民主，对于社会和谐是一个关键的影响因素，是实现基层管理的有效途径，使多元利益在有序、理性互动的基础上得到调整；逐步清除传统政治文化的消极因素；减少基层干部在工作中的官僚作风，促使其树立新发展理念和正确政绩观。因为在实践中，一方面乡镇政府作为国家政权组织的基层政府要依靠村干部有效开展行政工作；另一方面村干部由村民选举产生，容易导致乡镇政府失去最有效的行政工具。所以就可能使乡镇政府在一定程度上通过行政权力操纵和干涉村委会选举，而这又使得村民对村委会选举失望进而采取冷漠的态度。与村委会选举的阶段性投入相比，村务公开民主管理则是较为长期而连续的工作，也需要更多相应的投入。同时，村务公开与民主管理主要在于对村干部行为的监督、干群矛盾的化解，难以形成推进民主自治的合力。所以要实现政府行政功能与村民自治组织的有效衔接，继续完善包括选举、管理、监督等内容的自治权利，则是中国农村基层民主建设的内在要求和必然趋势。

第3章

中国农村基层民主建设的实践基础

民主作为一个政治目标，让人们不断在理论与现实之间进行探索。中国共产党领导的中国特色社会主义民主建设同样也是一个持续深化理论认识与大胆创新实践形式相辅相成的探索过程。

人民当家作主是马克思主义的基本原则之一，但这一原则的具体应用必须结合本国历史和现实国情。在中国就必须考虑到封建专制的历史和传统。唤醒亿万民众的民主意识，从身边事务开始进行民主实践，是中国特色社会主义建设的现实选择。所以，中国共产党逐渐开辟了以基层民主政治建设为突破口和基础，逐渐推进民主的广度、深度和效度，让人民群众真正当家作主的民主之路。基层民主政治是人民群众从参与自己利益密切相关事务的管理和决策而成为国家政治生活的一部分，使人民当家作主的各项权利得以体现。中国共产党的基层民主政治建设，起始于新民主主义革命时期局部实践，从中华人民共和国成立后到社会主义建设初期，在全国范围内进行社会主义基层民主建设的探索，在改革开放以后得到了快速发展，逐渐成为中国共产党建设中国特色社会主义民主政治的一项基础性工作。

3.1 中华人民共和国成立前中国农村基层民主建设

在半殖民地半封建社会的中国，为完成争取民族独立和人民解放的革命任务，中国共产党人把马克思主义作为观察和解决中国问题的基本方法，探索出新民主主义的革命道路。作为工人阶级的先锋队组织，中国共产党始终密切联系广大工农群众，发动农民进行土地革命，建立民主政权，在农村革命根据地和解放区的局部执政就明确了发展民主的原则，组织和动员农民发展基层民主，创造了丰富多样的民主实践形式。在革命的不同阶段，先后在中央苏区建立苏维埃政权、在抗日根据地建立抗日民主政权以及解放区建立人民民主政权，不断扩大民主的范围，每个时期的政权建设都适应了当时的革命形势的发展要求，各具特色。

3.1.1 20 世纪 20 年代初至国民革命时期农民民主意识的培养

中国共产党成立后把开展工人运动作为中心任务之一，同时也注意在农村培养教育农民的革命意识和民主意识。在国民革命时期，以贫雇农为核心，成立农民协会，这一最早的农村基层群众性自治组织，也是中国共产党领导的探索农村基层民主建设的最初尝试。从 1922 年到 1925 年，浙江、广东、湖南等地发动了农民斗争，提出“一切权力归农会”这一带有人民主权性质的革命口号。在农民运动蓬勃发展的地区，封建势力受到了极大的遏制。

以 1921 年 9 月在浙江省萧山县衙成立的第一个农会为起点，农会运动在多个省份迅速发展起来。1924 年，广东、湖南等省近 200 个县建立了农会；1927 年，湖南、湖北、广东、广西、江西、陕西等地成立了 2 万多个各级农民协会。在农会的发展原则方面，1925 年广东农协提出“实行乡村自治，发展农民协会”的口号，显示出推翻农村地主阶级的统治，实现农民民主权利的革命意识。毛泽东在考察了湖南的农民运动后说，“地主权力既倒，农会便成了唯一的权力机关，真正办到了人们所谓‘一切权力归农会’。连两公婆吵架的小事，也要到农民协会去解决”，[①] 称农会是“新的乡村自治机关——农民政权的乡村自治机关”[②]。农民协会广泛吸收农民中的贫雇农，并且使其中的优秀分子成为农协的骨干力量。农会内部实行民主的管理原则，即少数服从多数，个人服从组织。农会的最高决策机构是农民代表大会，常设机构为大会产生的执行委员会，执行委员会下设财政、仲裁、交际、卫生、教育机构，分别行使农村行政、审判等职权。[③]

农会是中国共产党领导农民进行的带有村民自治性质的农村基层民主政权建设的最初探索，但是在组织和职能分工方面已经也较为完备，有效地调动了农民的积极性，实现了对农民的动员和组织，壮大了革命队伍，有力地推动了革命形势的发展。有了农民协会的组织和领导，分散的农民有了自己的组织，有了团结起来争得自由民主的组织依托。一方面，在政治生活中推翻地主阶级，进行土地革命，建立工农民主政权；另一方面，农民获得了平等自由，可以自主安排乡村社会生活，如兴办学校、修整道路、调解民间纠纷等。总之，就是由农民自己来决定涉及乡村生活的各种事务。农会制度使千百年来农村的封建生产关系逐渐瓦解，这种改变使农民获得了土地，生产和革命积极性大大提高，解放了生产力。更为重要的是，在这一过程中培养了农民的权利意识和民主精神，为中国共产党在农村革命根据地的开辟奠定了坚实的群众基础。

国共合作以后，国共两党合作创办了农民运动讲习所，培养农民运动的骨干。从 1924 年 7 月至 1926 年 9 月，在广州举办了一至六届农民运动讲习所。北伐军占领武汉后，1927 年 3 月至 6 月，在武昌举办了中央农民运动讲习所。在这一时期，其他许多地方如广西、湖南、福建等也举办了

---

① 毛泽东选集（第 1 卷）[M]. 北京：人民出版社，1991：14.

② 毛泽东选集（第 1 卷）[M]. 北京：人民出版社，1991：29.

③ 孙婧. 毛泽东关于农民运动中政权组织形式的思想 [J]. 法制与社会，2008，(8)：202.

农民运动讲习所或农民运动讲习班。农民运动讲习所名义上是由国民党中央农民部或各地方党部农民部主办，实际上是共产党人负责，他们起着主导和核心作用，如广州农民运动讲习所一至六届主任、所长均由共产党人担任，武汉中央农民运动讲习所主要由毛泽东主持实际工作，农讲所教员大多由共产党人担任。仅广州农民运动讲习所一至六期和武汉中央农民运动讲习所，就培养了 1600 多名学员，有力地促进了全国农运的发展，成为农民革命的大本营。

3.1.2　土地革命时期农民自治组织建设

（1）确立民主的建政原则

“历史给了我们的革命任务，中心的本质的东西是争取民主。”[①] 因此，中国共产党人把为人民争取民主作为自己的重要使命。然而中国半殖民地半封建社会的特殊国情意味着实现国家主权独立与人民民主这两个任务是不可分割的。毛泽东认为：“中国缺少的东西固然很多，但主要的就是少了两件东西：一件是独立，一件是民主。这两件东西少了一件，中国的事情就办不好。”[②] 党的其他领导人对此也有同样的认识，刘少奇认为：“全体党员应该在根据地内创立模范的民主政治生活的新秩序。”[③] 可以看出，中国共产党人充分认识到必须通过民主才能激发广大人民群众这一根本的革命力量，有了人民群众的支持才能实现民族独立和人民解放。

武装斗争是中国革命的一个特点，建立革命根据地必须有自己的革命武装。所以中国共产党最早的民主实践就是从军队民主开始的。在 1927 年初进行的“三湾改编”就是实行民主建军以区别于以往的旧军队。“红

① 毛泽东选集（第 1 卷）[M]. 北京：人民出版社，1991：274.

② 毛泽东选集（第 2 卷）[M]. 北京：人民出版社，1991：731.

③ 刘少奇选集（上卷）[M]. 北京：人民出版社，1981：227.

军的物质生活如此菲薄，战斗如此频繁，仍能维持不敝，除党的作用外，就是靠实行军队内的民主主义。官长不打士兵，官兵待遇平等，士兵有开会说话的自由，废除烦琐的礼节，经济公开……尤其是新来的俘虏兵，他们感觉国民党军队和我们军队是两个世界。他们虽然感觉红军的物质生活不如白军，但是精神得到了解放。同样一个兵，昨天在敌军不勇敢，今天在红军很勇敢，就是民主主义的影响。军队内的民主主义制度，将是破坏封建雇佣军队的一个重要的武器。[①]”在井冈山革命根据地建立后，民主建政也成为与当时其他各种政权相区别的一个根本特征。在苏维埃政权建设时期，尽管面临着严峻的斗争形势，中国共产党人仍努力推动基层民主政权的建设，如1931年制定了《中华苏维埃共和国宪法大纲》及民主选举的有关法规，形成了工农民主政权的选举制度，普遍、平等、公开的基本原则体现了与旧政权的根本区别，也彰显了工农民主政权的人民性。人民群众的民主选举及其他民主权利不仅是在法律上有规定，而且有了更具体的制度保障，如代表联系制度、代表主任制度、代表会议制度、代表召回制度等，旨在加强代表与基层群众的密切联系，确保人民的权利不被虚置。

（2）制度明确人民群众的广泛民主权利

1931年《中华苏维埃共和国宪法大纲》明确规定，十六岁以上公民都平等地享有参政权，同时还享有武装自卫、受教育、婚姻自主及经济等权利。同年颁布的《中华苏维埃共和国选举细则》，对民主选举的规范、建立苏维埃政权的要求进行了较为详细的规定，目的就是确保人民民主权利的实现。

（3）建立工农民主政权制度体系

随着中华苏维埃共和国临时政府的建立，在中央苏区建立了工农民

① 毛泽东选集（第1卷）[M]．北京：人民出版社，1991：65.

主政权的检察制度，对苏维埃政府行政机关和各级干部执行党和政府的法规、指令情况进行督促，及时查处腐败现象。

实际上中国共产党比较早地认识到监督机制的重要性。早在 1927 年党的五大就建立了党的监督机构，即中央监察委员会。这是党历史上的第一次选举产生的专门的党内监督机构，在党的历史上具有开创性的意义。不过由于当时的革命斗争形势异常复杂，以及中央监察委员会主席王荷波的牺牲，所以中央监察委员会没有来得及真正开展工作。中国共产党于 1927 年 8 月召开了八七会议，不仅确定了土地革命和武装起义的方针，而且为应对形势的变化，在组织建设上决定建立北方局、南方局和长江局作为中央的派出机关，同时派出巡视员帮助各地恢复和整顿被破坏的党组织，并指导各地的组织工作。1927 年 11 月，中央临时政治局扩大会议决定中央对各级党组织的巡视指导要制度化，以确保巡视工作有效展开。

1928 年 10 月，中央专门制定了巡视条例，对巡视工作的具体运行方式和条件等都做了比较细致的规定。巡视条例以中央通告形式下发至各级党组织，其中规定了各级党部的巡视员人数及人选的决定、任职巡视员需要具备的条件、巡视员的职责，巡视的时间、任务等事项。这在党的历史上是第一次把党的巡视工作以党内法规的形式确定下来，也是党内巡视制度化的重要标志，不但为党的巡视提供了制度的规范，而且使巡视工作的展开具有了一定的可操作性。

1931 年召开的六届四中全会总结了过去在工作指导中出现的形式化问题，提出要灵活地对各级组织进行工作领导。全会通过了《中央巡视条例》，在总结经验基础上进一步规范了党内巡视工作。

3.1.3　抗日战争时期抗日民主政权建设

抗日战争时期毛泽东思想在复杂的斗争形势下发展成熟，特别是关于民主的理论得到进一步的发展与完善，而且在实践上也开辟了新领域。

(1)“三三制”扩大了抗日根据地基层民主发展的范围

以“三三制”(1940年3月6日，毛泽东在《抗日根据地的政权问题》一文中提出“三三制”原则，“根据抗日民族统一战线政权的原则，在人员分配上，应规定为共产党员占三分之一，非党的左派进步分子占三分之一，不左不右的中间派占三分之一。”)[①] 为基本原则，以1941年11月《陕甘宁边区各级参议会选举条例》为保障措施，根据地军民在中国共产党的领导下，直接参与民主选举，以人民群众为主体建立各级领导机构，进行民主决策。通过乡参议会、乡政府及行政村和自然村的相应机构，各方群众可以充分表达意见，也使其利益都得到了一定的保障。

(2)组建多种团体深入开展民主实践

除了成立各级领导机构外，在基层开展广泛的民主教育，发动民众建立、参加各种民众团体，既有政治和军事方面的，也有经济和文化方面的团体组织。其中，政治性团体包括“农救会”“工救会”“青救会”“妇救会”等，使不同行业不同业界的群众都纳入民主建设中；经济性团体有“变工队”“互助组”等，为人民群众解决经济生活的问题；军事性团体包括“人民武装自卫队”“基干自卫队”“青年抗日先锋队”等，广泛动员抗日力量；文化性团体包括“识字小组”“村剧社”“秧歌队”等发挥宣传、教育、引领凝聚人民群众的作用。这些民众团体成为当时有效团结各方面人民群众的组织载体，适应了当时复杂革命形势下动员人民群众的需要，不但完成了相应的革命工作，而且从长远看其作用还在于把民众更牢固地纳入基层民主组织中。另外，通过大众喜闻乐见的戏剧、小报、歌咏等多种形式寓教于乐，使民主意识逐渐深入人心。在浓厚的民主氛围下，根据地乡村民众的民主普选形成了前所未有的规模，广大军民以极大的热情参与抗日民主政权的建设，成为根据地基层民主发展的根本力量。抗日根据

① 毛泽东选集(第2卷)[M].北京：人民出版社，1991：742.

地的人民政权都是在民选的基础上形成的，在民主政权建立后开展的民主运动进一步提高了政权的民主水平。董必武把这种充分尊重人民群众的民主权利，以人民为主体进行的政权建设模式概括为“民主建政”[①]，科学总结了中国共产党在新民主主义革命时期基层政权建设的重要原则和优势。可以说，“民主建政”既是对中国共产党革命斗争实践中进行民主建设的经验总结，也是最终实现人民解放、继续发展人民民主的重要原则。

（3）明确农民权益保障措施

中国共产党不但密切关注人民的利益，而且把人民的权利以法律等形式固定下来，并采取有效措施保障人民实现其利益。1941 年 5 月《陕甘宁边区选举条例的解释及其实施》、同年 11 月《陕甘宁边区各级参议会选举条例》《陕甘宁边区保障人权财权条例》中都规定了人民群众所享有的广泛权利。例如，在选举权方面，消除阶级差别、党派差别、职业差别，以及财产和文化程度差别，实现选举权平等；在人身自由权方面，平等享有言论、出版、集会、结社、信仰等权利。

（4）创新选举形式，扩大农民民主参与

根据当时民众的文化水平状况和民众的选举需求，因地制宜地创新了许多选举方法。由于大量选民都是文盲，也来不及对他们进行文化教育，所以必须少使用文字才能消除农民参与选举的障碍，代之以实物和简单标示的方式进行投票，如“红绿票选法”“豆选法”“画圈法”“画杠法”“画点法”“香烧洞法”“投纸团法”“背箱子”等，实现了普遍、直接、平等、自由的选举，极大地激发了民众的参政热情，民主参与范围不断扩大。在陕甘宁边区参选选民达到了 80%，甚至有的地方达到了 95%。对此，特里尔评价说：“延安精神的秘密就是参与。”“（毛泽东）从根本上改变了中国

---

① 董必武选集［M］. 人民出版社，1985：291—307.

人对统治者的态度。每一个男人、女人和孩子都有一种集体责任感。一种民主意识似已存在。”[①] 毛泽东对到访延安的美国人士也十分自豪地展现了中国共产党领导的延安军民民主建设的成就，人民已经从沉重的压迫下解放出来，开始了生机勃勃的生活。

为了保证民主建设的顺利进行，除了施行参议会和监察制度的民主监督形式以外，在部分抗日根据地还施行了“公民评议”。参与“公民评议”也是人民群众民主参与的一部分，这种参与也是群众对乡村干部进行有效监督的形式，在参与中人民群众的民主意识和参政能力也得到了培养和锻炼。具体来说，就是在登记选民的时候人民群众就对乡村干部进行公开的评议，评议的依据就是“模范公民”的标准，同时乡村干部要向群众述职并接受群众的公开批评。

3.1.4 解放战争时期人民民主政权建设

解放区的人民政权也是在民选的基础上形成的，仍然坚持陕甘宁边区时期的保障人民民主权利的制度，而且根据时局的发展变化，进一步使这一制度具体化、实施范围扩大化，形成了较为完备的民主制度体系。“在选举中，任何公民、任何抗日党派与民众团体都有依选举条例提出候选人的权利，有为自己或他人实行竞选的权利”；要求“研究选举经验，尤其是研究各地试选中关于检查工作的经验”，做好“调查、登记选民等技术工作的准备”[②] 等。

在新民主主义革命时期，中国共产党作为中国工人阶级的先锋队组织能够克服革命战争的各种艰难困苦，离不开广大人民群众的支持。在各种

---

① ［美］罗斯·特里尔．毛泽东传（修订本）［M］．石家庄：河北人民出版社，1990：199.

② 韩延龙，常兆儒．中国新民主主义革命时期根据地法制文献选编（第1卷）［M］．北京：中国社会科学出版社，1981：194.

力量的斗争中，中国共产党始终站在人民群众的立场上，为国家的独立和人民的解放不懈奋斗。这种奋斗不仅是推翻反动阶级的武装斗争，也包括植根基层、在人民群众中开展民主的运动，让人民群众切身感受到了中国共产党所倡导的民主就是让人民当家作主，从而赢得了民心，也奠定了中国共产党最终取得革命胜利的雄厚的群众基础。诚然，在整个新民主主义革命时期，按照马克思主义无产阶级革命斗争的学说，中国共产党最主要的任务就是夺取国家政权，所以其对于基层民主建设从理论认识上还是有限的，从实践上还只是在局部地方的初步尝试。

3.2　中华人民共和国成立后中国农村基层民主建设

3.2.1　改革开放前中国农村基层民主建设

中华人民共和国成立后，在中国共产党的领导下建立了工人阶级为领导的以工农联盟为基础的人民民主专政，既坚持了马克思主义无产阶级专政思想，又符合中国社会的特殊国情。在社会主义改造完成后，逐步确立了社会主义政治制度，人民当家作主不仅在国家制度层面上得以明确，而且为继续发展基层民主奠定了基础。中国共产党由革命政党转变为执政党，党的中心任务也由夺取政权转为领导国家建设。基层民主建设既是巩固新生的人民政权的基础，也是建设社会主义的重要任务之一。

中国共产党领导农民群众进行了土地改革，实现了农民世代所追求的土地梦想，使广大农民获得了“生存权”这一最基本、最重要的民主权利。同时，定期召开乡（村）人民代表会议，帮助农民实现当家作主。中国共产党把基层民主政权建设与彻底完成反封建的革命任务结合起来，把农民获得土地“耕者有其田”这一经济生活上的改变与让农民“当家作主”的政治生活上的改变结合起来，由此开启了新中国基层民主建设的历程。

1952 年以后，随着党在过渡时期总路线的提出，第一部新宪法的制定和以“三大改造”为内容开始的社会主义革命，农村基层民主建设的内容也由获得民生权和民主选举权为主转向更为全面的民主参与，如通过管理和监督，对推动农业合作化发展也起到了积极作用。

原来的农村基层政权为乡（行政村）一级制与区、乡（行政村）二级制。1953 年第一部《选举法》颁布后，区一级被撤销。因为村本身是人民政权的基层组织，有村人民代表会议和村人民政府组织，所以就没有像城市那样的群众性自治组织。1954 年宪法颁布后，村级政权被取消，并改乡镇政权为农村基层政权，乡以下根据不同情况又划分为不同的单位，有自然村、选区，或由若干较小的自然村组成的行政村。在村里仅有负责村务工作的干部，没有正式的群众性自治组织。1954 年宪法所规范的基层民主体制很快就受到了冲击，而且首先就是在农村。

1956 年社会主义改造完成。在进行社会主义初期探索时，对如何建设社会主义在理论上和实践上的准备都是不充分的，没有能够认识经济发展的规律，片面夸大人的主观意志作用，1958 年发起的“大跃进”和人民公社化运动就是急于向共产主义过渡，不顾生产力的实际状况，盲目扩大经济规模，到 1958 年 9 月，把全国 74 万个农业生产合作社合并减少到 2.6 万个。不但如此，党在政治生活中也犯了急躁冒进的错误，用人民公社取代了乡镇的政权机构。其性质体现为政社合一，也就是融基层经济组织和基层政权组织为一体的特殊机构。人民公社社会代表大会和公社管理委员会成为农村基层政权机关，村级组织变成具有政权性质的机构。

《农村人民公社条例》对人民公社的管理进行了规定，其中包括民主办社、民主兴社等要求，还有“人民公社管理 60 条”等规定，试图在这样的体制内继续探索让农民群众积极参加基层经济管理，继续调动农民的积极性、主动性和创造性，但权力过分集中的体制、封建残余思想和党内骄傲情绪使农村基层民主政治建设受到了很大影响。而随后党的主要领导人毛泽东对当时社会的主要矛盾没能一直坚持正确的认识，甚至错把干群矛盾这本属于人民内部矛盾上升到阶级矛盾，这一判断直接改变了国家政治生活的主题，即解决阶级矛盾，所以主张自上而下地广泛发动群众进行阶级斗争。特别是在“文化大革命”中，没有了法制的约束，基层民主演变成了群众运动，不仅没能保障和继续发展农民民主权利，而且混乱的社会局面给党、国家和人民都造成了严重损失。在探索中国社会主义建设道路中的重大挫折也是农村基层民主建设需要时刻警惕的。

党的十一届三中全会以后的改革开放带给中国社会前所未有的变化，基层民主建设才有了飞跃式的发展。但实事求是看待社会主义建设初期的探索，尽管走了很大弯路，包括基层民主建设也一度处于瘫痪状态，但这一时期的探索的正确认识对继续和完善基层民主仍然是有价值的。

(1) 人民群众全面参与政权建设与民主改革

在政权建设特别是基层政权建设中实现人民群众的全面参与是社会主义民主的重要体现。在调动人民群众积极性的基础上，让人民群众有组织、有秩序地参加到人民民主政权建设特别是基层政权建设中，能够把比较分散的农民和城市居民形成比较集中的力量，扩大新生人民政权的影响力，并实现基层政权的根本性改变。基层政权建设包括与土地改革密切结合的农村基层政权建设、与企业民主化改革密切结合的工厂管理委员会和职工代表会议企业民主建设，城市以居民委员会为组织载体的城市基层民主建设，以及定期召开的人民代表大会进一步使人民群众的政治参与常态化。有了人民群众的广泛、深入参与的基层民主政权建设，新生人民政权迅速得到稳固，也得到了人民群众的拥护和支持。

(2) 提出社会主义基层民主政治建设的目标

毛泽东概括了国家政治生活的目标，“造成一个又有集中又有民主，又有纪律又有自由，又有统一意志，又有个人心情舒畅、生动活泼，那样一种政治局面。”[①] 这一目标当然也适用于基层民主建设。实现这个目标没

① 毛泽东著作摘编（上）[M]．北京：中央文献出版社，2003：1050.

有人民群众的参与和人民群众当家作主是不可能的，所以毛泽东提出要扩大基层民主，让人民群众更广泛、更直接地参与基层社会生活各方面的管理，并且强调克服官僚主义、为人民服务就是要依靠人民群众的民主监督，党和政府工作人员保持和人民群众密切联系的同时也需要接受人民群众的民主监督。

1957年邓小平提出，社会主义不应当搞大民主，要搞小民主。大民主指的就是没有既定制度规范的群众斗争风潮和闹事，而小民主则是认真执行我国宪法和法律所规定的民主制度，使人民自由发表意见的权利和其他民主权利受到应有的尊重和保障。[①] 邓小平认为中国要走制度化民主之路，也就是说，民主建设必须有制度基础，必须遵守相应的规范，群众运动式的民主不应当是民主发展的方式，会造成社会混乱，使人民蒙受损失。

（3）确立社会主义基层民主政治建设的实践形式

中国社会主义建设初期受到了苏联模式的很大影响。为了集中有限资源迅速开展工业化建设，也选择了高度集中的计划经济体制，而在国家政治生活中包括基层民主政治建设当然也受到了这种集中体制的影响，其内容和形式并未有大的突破和发展。但在这种情况下，中国共产党仍然关注基层民主建设，特别是在工农业生产中强调发扬民主，除了规定农村人民公社要按照民主办社、民主兴社的要求来管理以外，充分肯定了工矿企业“两参一改三结合”的企业民主建设经验，体现了探索基层经济民主的新尝试。

从中华人民共和国成立到20世纪70年代末的社会主义探索中，通过建立人民当家作主的根本政治制度使广大人民群众改变了被剥削被压迫的命运，在中国共产党的领导下人民群众开始积极探索具体的民主实践形式。但是，在体制上的弊端即权力的过分集中极大束缚了基层单位和人民

---

① 邓小平文选（第1卷）［M］. 北京：人民出版社，1994：270-274.

群众的自由民主权利的实现，特别是在指导思想上极“左”的错误造成的严重影响，使 1957 年以后的民主建设的形式上发生了偏差。为追求人民民主专政而忽略国情，从个人主观意志出发，依靠“大民主”来解决人民内部矛盾，脱离了法制轨道，原有的政治制度形同虚设。特别是在“文化大革命”期间，“大民主”成了首要的武器，整个社会的秩序都处于混乱状态。以群众运动推动的民主政治建设最终走向了失败。

3.2.2　改革开放后中国农村基层民主建设

改革开放后中国共产党人从“文化大革命”的挫折中走了出来，思考怎样探索中国特色社会主义建设道路，对发展社会主义民主的重要性和紧迫性有了新的认识，并且在总结“大民主”带来的教训中对如何动员和组织人民群众建设基层民主政治有了更深入、更清晰的认识。正是因为中国共产党勇于纠正错误，敢于开拓新道路，中国特色社会主义事业才不断前进，在新的实践中逐渐把握了社会主义建设的规律，包括对基层民主政治建设的认识也在不断深入，经过数十年的积累已经形成了比较完整的科学体系。中国共产党通过尊重人民群众的首创精神，不断总结经验，逐步推进基层民主政治建设的制度化、规范化和程序化，创造了形式多样的基层民主政治实践。

(1) 对社会主义基层民主建设的认识不断深化

邓小平在 1978 年 12 月 13 日的中共中央工作会议闭幕会上的讲话《解放思想，实事求是，团结一致向前看》，实际上是十一届三中全会的主题报告，是中国共产党人开辟新时期新道路的宣言书，为各项工作的开展扫除了思想认识上的障碍，强调民主是解放思想的重要条件。党的十一届三中全会公报提出只有在经济上和政治上关心和保障人民群众的利益才能调动亿万农民的社会主义积极性。而在此之前邓小平也曾经指出：“要切实保障工人农民个人的民主权利，包括民主选举、民主管理和民主监督。”[①] 在中国怎样进一步推进基层民主？六届全国人大常委会委员长彭真在 1987 年讨论审议《中华人民共和国村民委员会组织法（试行）》时说：“十亿人民如何行使民主权利，当家作主，这是一个很大的根本的问题。我看最基本的是两个方面：一方面，十亿人民通过他们选出的代表组成全国人大和地方各级人大，行使管理国家的权力……另一方面，在基层实行群众自治，群众的事情由群众自己依法去办，由群众自己直接行使民主权利。”[②]

不要把民主与集中割裂开来。鉴于在发扬民主与正确集中方面的惨痛教训和民主与法制的关系的经验教训，党的十一届三中全会重点关注了思想解放、发扬民主特别是重建民主集中制等观点和认识，对正确处理民主与集中的关系形成了正确认识。对在社会主义现代化建设中是否需要统一的领导和严格的制度方面，普遍认为社会主义现代化建设必须有党的集中统一领导，同时各种规章制度和劳动纪律也是必要的保障。但是不能把这种集中领导演变为独断专行，因为没有充分的民主，就谈不上正确的集中，即使有集中实质上也就是独断专行。正是因为过去一个时期内，离开了充分的民主去讲集中，民主集中制形同虚设。所以，新时期才特别需要强调民主，只有真正实现民主和集中的辩证统一，才能使党的领导建立在人民群众的支持和意愿基础之上。

发展基层民主与给予基层经济自主权相结合。“我们要创造民主的条件……发扬经济民主……切实保障工人农民个人的民主权利，包括民主选举、民主管理和民主监督。”[③] 民主的经济属性即利益性在基层民主建设体现最为突出和直接，所以邓小平强调要明确基层民主政治建设和经济建设的相互促进关系。这对于尚未解决基本温饱及经济生活问题的人民群众来说就是当家作主的最重要体现，当然也是中国共产党改革开放以来始终把握的基层民主与经济发展的重要结合点。多年来，党的历次重要会议始终

① 邓小平文选（第 2 卷）[M]. 北京：人民出版社，1994：146.

② 彭真文选 [M]. 北京：人民出版社，1991：608.

③ 邓小平文选（第 2 卷）[M]. 北京：人民出版社，1994：144–146.

把基层民主建设作为一个重要问题，都根据每个时期基层民主的发展状况进行总结并提出新目标和新要求，并从理论上对基层民主政治建设的直接性、广泛性、具体内容、组织依托等进行更广泛更深入的研究，进一步丰富了基层民主建设的研究成果。

党的十一届六中全会提出基层直接民主建设。1981 年，党的十一届六中全会通过的《关于建国以来党的若干历史问题的决议》中，首次提出“在基层政权和基层社会生活中逐步实现人民的直接民主”，表明中国共产党人认识到在新时期需要加强基层群众直接民主建设。

党的十二大强调的重点是民主内容的广泛性，使人民能够享有的权利扩展到政治生活、经济生活、文化生活和社会生活的方方面面。保障人民当家作主不仅是中国共产党的一贯主张，而且以法律形式固定下来。尊重人民群众实践中的创造和现实需要，初步总结基层群众自治经验，并纳入法治进行规范化引导。在《中华人民共和国宪法》（1982 年）中确认了城乡基层群众性自治组织的地位，自此，农村基层民主建设有了宪法的依据和保障。

1988 年 6 月《村民委员会组织法（试行）》开始生效，为广大农民发扬民主进行自我管理提供了直接的法律依据。而农村基层民主建设既需要调动农民积极参与，也需要在政府层面的支持和引导。1990 年，中央五部门联合召开了《全国村级组织建设工作座谈会》，以树立村民自治典型的办法来推动村级民主规范化发展，及时总结各地的新鲜经验，在研究中进一步深化理论认识，充分尊重基层人民群众的实践创造。1992 年，党的十四大明确指出要以基层群众性自治组织为载体发展基层民主政治，促进基层民主有组织有秩序发展。1997 年，党的十五大强调要加强基层选举制度和民主程序的法治化建设，使基层民主建设进一步规范，而且第一次提出了“扩大公民有序的政治参与”的命题。2002 年，党的十六大从内容、目标和方式等方面进一步规范基层民主政治建设，同时要求从社会主义民主的基础性工作的高度来认识发展基层民主的意义，比较完整地总结了这一时期基层民主建设的经验，提出了促进基层民主发展的总体思路，以基层自治组织和完善制度建设作为重点，并在民主内容和形式上予以丰富和创新，进一步明确了党内民主和人民民主的关系，“党内民主是党的生命，对人民民主具有重要的示范和带动作用”。[①]

为了进一步加强和规范村民自治中农民的参与，中央办公厅和国务院办公厅于2004年6月下发《关于健全和完善村务公开和民主管理制度的意见》，对村民参与村庄管理和监督提出了要求，明确了村务管理的监督制约机制，并要求设立村务公开监督小组。为减少各部门在村务公开管理方面的相互冲突，中央级跨部门的村务公开协调机构成立，以村务公开民主管理典型示范形式推进民主管理。2005年12月31日，《中共中央、国务院关于推进社会主义新农村建设的若干意见》中把农村基层民主政治建设纳入新农村建设的重要任务之中，以民主促进新农村建设。

2002年，党的十六大在农村基层民主建设范畴界定上去掉了乡镇基层政权机关民主建设。因为改革开放以来，农民在改变和创造自己生活的实践中民主意识和民主能力已经有了很大提高，乡镇基层政权机关要继续承担提高农民民主意识和能力等职能，但继续发展民主更多的还是要发挥农民群众的作用，特别是保障农民能够更广泛地直接行使民主权利，真正参与村务管理，使各项自治权利全面得到落实，在党的领导下逐步健全充满活力的村民自治机制。作为马克思主义中国化的又一理论创新成果，党的十六届三中全会提出的科学发展观从总体上为中国特色社会主义的发展目标和途径提供了指导，民主政治建设中也同样必须坚持以人为本的理念、全面协调发展的要求。和谐也是社会主义社会的本质属性，民主法治对建设和谐社会具有重要意义，尤其发展基层民主是协调社会矛盾、化解社会危机的有效方式，对和谐社会建设具有基础性的作用。这些认识表明中国共产党从民主政治建设与社会建设的密切关系上来凸显发展民主的现实意义，也体现出在不同历史时期民主建设内容和重点的变化。

---

① 十六大以来重要文献选编（上）[M]．北京：中央文献出版社，2005：39.

2007 年，党的十七大首次提出“人民民主是社会主义的生命”的重要论断，要求把人民当家作主从对国家和社会生活各方面事务的有序参与和管理方面予以落实，意味着要促进人民群众越来越广泛和深入地融入国家政治生活中，这实际上就是对人民民主权利的实现提出了更高要求。特别是首次把基层群众自治制度作为中国特色社会主义的基本政治制度，并且把基层民主视为民主建设的基础性工程，在国家制度建设和民主政治建设两个方面都突出其特殊地位，其意义还在于实现行政管理与基层群众自治有效衔接和良性互动。这一认识体现了中国共产党从国家制度建设层面更深入地认识到农村基层民主建设重要性、艰巨性和长期性。报告还提出：“要以扩大党内民主带动人民民主，以增进党内和谐促进社会和谐”①，强调党内和谐、党内民主的表率作用和带动作用。

2012 年，党的十八大报告强调人民民主是中国共产党始终高扬的光辉旗帜，并且提出健全社会主义协商民主制度，把中国特色社会主义民主推进到一个新阶段，指出完善协商民主工作机制，发扬民主协商的优良传统，推进协商民主走向广泛、多层、制度化，在民主实现形式上突出强调了探索协商民主的广泛应用。在此基础上，党的十八届三中、四中全会对发展基层民主的具体环节，如在畅通民主渠道、健全基层民主机制、开展基层民主协商等方面提出了更加明确的要求。

党的十九大报告提出要扩大人民有序政治参与，保证人民依法实行民主选举、民主协商、民主决策、民主管理、民主监督，同时要加强农村基层基础工作，健全自治、法治、德治相结合的乡村治理体系。这是在我国乡村所面临的全新治理环境以及全面建成小康社会背景下，依据自治、法治、德治在乡村治理中各自的作用特点做出的重大部署。把自治作为乡村治理核心，进一步丰富了村民自治的民主权利内容，可以更充分发挥农民的自主性，积极参与到乡村治理中。

---

① 胡锦涛. 高举中国特色社会主义伟大旗帜　为夺取全面建设小康社会新胜利而奋斗——在中国共产党第十七次代表大会上的报告［R］. 北京：人民出版社，2007：51.

党的十九届四中全会提出要完善党领导的基层群众自治组织制度，把健全充满活力的基层群众自治制度做为坚持和完善人民当家作主制度体系，发展社会主义民主政治的重要组成部分。要健全基层党组织领导的基层群众自治机制，在城乡社区治理、基层公共事务和公益事业中广泛实行群众自我管理、自我服务、自我教育、自我监督，拓宽人民群众反映意见和建议的渠道，着力推进基层直接民主制度化、规范化、程序化。把构建农村社会治理新格局纳入共建共治共享的社会治理制度中。健全党组织领导的自治、法治、德治相结合的城乡基层治理体系，实现政府治理和社会调节、居民自治良性互动，夯实基层社会治理基础。

党的十九届五中全会强调，健全基层群众自治制度，增强群众自我管理、自我服务、自我教育、自我监督实效，为发展和完善村民自治制度指明了方向。

（2）基层民主建设的制度化、规范化和程序化不断提高

在深刻总结社会主义建设初期和“文化大革命”时期民主法治建设的经验教训基础上，改革开放以来发展基层民主的一个重要方面就是着力推进民主制度化建设。

宪法明确基层民主建设的地位。《中华人民共和国宪法》（1982 年）确认了广大农村、城市以及企事业单位的自治组织的地位和民主管理机制，使基层民主建设有了最重要的法律依据，即国家根本大法的支持。

《选举法》等相关法律法规的出台使基层民主建设法律制度逐步完善。拥有平等选举权是民主的重要内容和首要体现，1979 年的《选举法》已经扩大了人大代表直接选举的范围，即县级及以下人大代表的选举都采取直接选举的形式，并且制定了选举的具体制度，这使基层民主的范围进一步扩大。针对各领域人民群众实施民主选举等权利的不同情况，分别以《村民委员会组织法》《居民委员会组织法》《全民所有制工业企业法》等法律法规予以规定，这些法律也成为基层人民群众实现民主权利的重要依据。与此同时，各地方法规的制定使基层民主政治法律制度更加完善。

政策落实使基层民主增强了可操作性。党的十五大以后，为了保障农民群众的民主权利得以实现，中央有关机构先后出台了多个文件，具体指导农村民主建设。在民主管理方面，于 1998 年和 2004 年分别下发了《中共中央办公厅联合国务院办公厅关于在农村普遍实行村务公开和民主管理制度的通知》和《中共中央办公厅、国务院办公厅关于健全和完善村务公开和民主管理制度的意见》，进一步把人民群众基层民主权利以村务公开和民主管理等方式具体化，使人民群众行使民主权利具备现实可操作性。在民主选举方面，2002 年下发的《中共中央办公厅、国务院办公厅关于进一步做好村民委员会换届选举工作的通知》，细化和规范了村委会选举工作，促进了村民自治特别是村委会的选举等工作逐步走向制度化和规范化。同时，为了让人民群众有效地行使参与权和监督权，加大了政府公开的力度，2000 年和 2005 年先后下发《中共中央办公厅、国务院办公厅关于在乡镇政权机关全面推行政务公开制度的通知》和《中共中央办公厅、国务院办公厅关于进一步推行政务公开的意见》，改变了以往的监督流于形式或者因为信息不对称导致的监督缺失的情况。人民群众实现了知情权，也就意味着参与权和监督权等权利有了切实的依据和保障。针对在村委会选举中出现的问题，2009 年 5 月中央办公厅、国务院办公厅联合下发《关于加强和改进村委会选举工作的通知》，重点查处以贿选为代表的农村选举违法行为，细化村民委员会选举程序，力求实现新老村委会的平稳交接。2003 年民政部、司法部下发《关于进一步加强农村基层民主法制建设的意见》，进一步保障农民当家作主及促进农村各项事业的依法管理的权利。以下为 2006 年—2015 年期间颁布实施的农村基层民主建设相关法律、政策，都有力地促进和保障了农村基层民主的发展，特别是 2010 年《中华人民共和国村民委员会组织法》（以下简称为《村民委员会组织法》）的颁布为农村社会发展注入了新的活力，农村基层民主建设进入到了一个新的阶段。

农业部办公厅关于印发《农村集体财务管理规范化管理办法》的通知（2006）；

中共中央纪委、监察部、财政部、农业部关于《进一步规范乡村财务管理工作的通知》(2006);

农业部关于贯彻落实《中共中央办公厅国务院办公厅关于加强农村基层党风廉政建设的意见》的通知(2006);

农业部办公厅关于印发《财务管理混乱村清理整顿工作方案》的通知(2006);

农业部办公厅关于《加强村集体经济组织民主理财民主监督的意见》(2007);

中共中央《关于推进农村改革发展若干重大问题的决定》(2008);

全国人大常委会《中华人民共和国村民委员会组织法》(修订草案)(2009)进一步完善了村民委员会成员的选举和罢免程序,进一步完善了民主议事制度、民主管理和民主监督制度;

中纪委、财政部、农业部、民政部印发《关于进一步加强村级会计委托代理服务工作指导意见》的通知(2010);

《中华人民共和国村民委员会组织法》(2010修订);

中共中央办公厅、国务院办公厅《农村基层干部廉洁履行职责若干规定(试行)》(2011)对进一步加强农村党风廉政建设,促进农村基层干部廉洁履行职责,维护农村集体和农民群众利益做出了规定;

民政部、中央纪委、中央组织部、中央农办、中央文明办、公安部、司法部、财政部、国土资源部、农业部、国家人口计生委、国家信访局《关于进一步加强村级民主监督工作的意见》(2012);

农业部《关于规范村民一事一议筹资筹劳操作程序的意见》(2012);

民政部关于印发《村民委员会选举规程》的通知(2013);

财政部关于印发《关于加强和改进基层会计管理工作的指导意见》的通知(2013),提高基层会计管理水平,充分发挥会计职能作用;

农业部、财政部、民政部审计署《关于进一步加强和规范村级财务管理工作的意见》(2013);

财政部关于印发《扶持村级集体经济发展试点的指导意见》的通知

（2015），为发展村级集体经济，促进集体资产保值增值提供了政策支持，有利于完善“统分结合、双层经营”的生产方式，是推进农业适度规模经营、优化配置农业生产要素、实现集体资产、资源、资金的保值增效和提高村集体自我发展与保障能力，实现农民共同富裕、提高农村公共服务能力、完善农村社会治理的重要举措。

（3）尊重人民群众的创造，推进基层民主形式的创新

中国共产党领导的基层民主建设作为中国特色社会主义建设的重要组成部分，与经济建设、社会建设紧密相关，在经济体制改革以及各方面体制改革的进程中不断发展完善。广大人民群众是民主的主体和发展民主的推动力量，推进基层民主发展也必须尊重人民群众的愿望和首创精神，并鼓励和带动人民群众根据各地不同的历史和现实状况在民主形式上进行大胆创新。

村民自治是广大农民在新时期开启的伟大民主实践。20 世纪 70 年代末开始，与当时低水平的农业生产力相适应的包产到户这一生产形式，能够发挥农民个体积极性，受到了农民的广泛欢迎，进而家庭联产承包责任制在全国逐渐兴起，原有的政社合一的体制极大地束缚了农民的经济和政治生活的自由，已经不适应农村经济和社会发展的要求。

家庭联产承包责任制推行后，农村的民主政权建设发生了重大变化，重新实行政社分开的体制，以乡政府作为国家政权在农村的基层单位，贯彻执行上级政府的决策；同时以村民委员会为农民群众自治组织，农民自主管理本村的事务。与政社合一的体制相比，政社分开以后迅速降低了村干部的权威，因为他们的权力范围明显缩小，他们所拥有的各方面资源优势也不复从前。与村干部权威下降伴随的就是农民在各方面的自主性迅速提升。因为家庭联产承包责任制使农民收入实现了较快增长，有了在经济生活上更多的自由，体现在社会生活中就是其自主性迅速增强，乡村的基层组织不能像以往那样比较深入地掌控农村社会，出现弱化的趋势。“中央政府在 1984 年到 1985 年间所做的一项调查发现，从 1978 年到

1984 年，全国农村基层干部的数量减少了一半，其中乡、镇干部增加了 9%，而村委会（大队）干部减少了 13%，村民小组（生产队）干部减少了 69%”[①]。政权机关职能的弱化却并不带来农民自治组织功能的强化，恰恰相反，各基层民主组织的作用也尚未体现出来。“1988 年前后，民政部对全国 17 个省的数百个村进行调查，发现处于瘫痪、半瘫痪状态的村级组织约占 30%，一些贫困落后地区甚至高达 50% 以上，即使是在经济较发达的广东省，瘫痪、半瘫痪的村级组织也达 16.7%”。[②] 农村一些地方出现了干群关系紧张、治安恶化的问题，党对乡村控制力有所下降。

广西省宜州市和寨村的村民为了解决农民在农业灌溉过程中产生的分歧共同维护水库，以及维护当地村庄的治安环境，自发制定了《村规民约》，组成了义务治安联防队。联防队最初主要是进行治安联防，后逐渐发展成为村民的自治组织，开启了中国农村“村民自治”的序幕。“村民自治”作为中国农民创造的一种基层民主体制，得到了党中央、国务院、全国人大的高度重视和充分肯定，并在 1982 年把村民委员会这一农村基层群众性自治组织写入宪法。改变了基层政权组织对农村社会生活大包大揽的管理，但农民群众自治却不能在短时间走上规范化的轨道，所以需要党和政府着力引导，提高农民自治管理的能力，并通过制度化建设逐渐强化农村基层民主管理功能。从 1983 年 10 月中共中央、国务院发出的《关于实行政社分开建立乡政府的通知》中提出要建立村民委员会，到 20 世纪 80 年代后期先后出台的多个法案，把基层民主制度以法律形式确定下来，体现了在农村基层民主发展过程中政府的积极引导和推动。特别是在 1987 年历时四年反复修改的《村民委员会组织法（试行）》确立了村民自治的法律形式，规定了农村基层自治组织由农民群众直接选举产生，农村民主选举方式发生了重大变化。经过十余年的实践探索，在总结村民自治的经验和遇到的问题的基础上，在 1998 年通过的《中华人民共和国村民

① 陈开国．中国农村大趋势［M］．合肥：安徽人民出版社，1989：156.

② 秦志华．中国乡村社区组织建设［M］．北京：人民出版社，1995：428.

委员会组织法》对民主选举作了更细致的规定，使农村基层民主选举制度进一步完善。在具体的民主实践中，除了原来的自我管理、自我教育和自我服务以外，四个民主使村民自治内容丰富而且具体化，村民自治深入开展，拓展了村务公开和民主管理，开启了农村基层民主建设的新阶段。可以说，党的十一届三中全会后，中国农村的经济生活和政治生活都发生了巨大变化。"村民自治的兴起与发展，就是我国农民继经济上实行家庭联产承包责任制之后在政治上的又一伟大创造"。① 经过近 30 年的实践探索，村民自治日益健全和完善。

推进人大代表直选扩大直接民主范围。民主选举必须有秩序、有制度规范的选举。虽然中国的县乡人大代表选举制度在 20 世纪 50 年代就开始建立，但是在后来的社会主义建设中并未得到有效的施行，重启中国政治现代化的进程，加快民主的制度化建设，其重要一步就是从基层恢复乡县人民代表的选举，在保障人民群众选举权的基础上逐渐扩大民主权利范围。《选举法》1979 年出台以后，经过 1982 年、1986 年、1995 年的几次修改后逐步完善，如进一步扩大了直选的范围、科学改进候选人提名办法、采用新技术使选举程序逐步成熟等。

基层党内民主与基层群众民主相互促进。广大农民是中国共产党执政的重要力量源泉和群众基础，农村基层民主建设也需要一个强有力的领导。总体而言，党内的民主生活也是民主政治建设的内容，也与基层民主建设密不可分。在实践中，一些地方农村基层党组织的负责人通过"两推一选"产生，即党员推荐、群众推荐，党内选举。经过这个程序选举产生的基层党组织负责人不仅是多数党员的意愿，也体现了大多数群众的意愿。同时党内基层民主以党务公开、党员挂牌上岗形式接受广大群众的监督，密切了党和人民群众的联系，既扩大了基层党内民主，也会影响和促进群众基层民主的发展。

---

① 刘丹．乡村民主之路——中国农村基层直接民主的发展及其法制化［M］．长沙：湖南人民出版社，2001：55.

村务公开便于群众监督。为了落实农民的监督权，贯彻中央的要求，农村基层政权机关，尤其是乡镇政府，要定期举行信息发布会，进行政务公开，以公示公开栏、网络新媒体等多种途径把办事制度、程序公布于众，涉及相关的政策、财务收支、筹资筹劳等群众利益的事项都要接受群众的公开监督。

培育发展基层社团组织。近年来，随着农村经济形式的多样化发展，不同行业的农民可以组织起行业协会、农村专业经济技术协会，就共同关注的增加收入和经济发展等问题加强联系和沟通，而且以行业组织的形式更有利于农民利益诉求的表达、行业行为的规范，所以基层的社团组织成为维护农民权益、促进农村基层民主发展的重要力量。

总体而言，40 年来，我国村民自治制度在国家政治建设中的地位不断提升，村民自治实践巩固和扩大了党在农村的执政基础，村民自治法律政策体系不断完善，有效保证了农民群众当家做主的民主权利和在行政村治理格局中的主体地位，村民自治范围不断拓展和延伸。党的十九届五中全会通过的“十四五”规划和 2035 年远景目标，提出全面推进乡村振兴，也意味着村民自治即将进入一个崭新阶段。

3.3 中国农村基层民主建设的历史经验

作为中国工人阶级和中华民族的先锋队，中国共产党始终高扬人民民主的旗帜，视人民的利益高于一切，不畏艰难，在中国革命、建设和改革的各个历史时期，为实现人民的根本利益而不懈奋斗，历尽艰辛而成就卓著。在农村，亿万农民不但成为国家的主人，而且在社会生活各方面拥有了越来越广泛的民主权利，特别是村民自治引起了广泛的国际关注。这与中国共产党以马克思主义为指导思想，结合中国农村的实际情况，不断创新民主实践是密不可分的。百年的经验清晰地勾画出了中国共产党推动农村基层民主建设的基本路线，也为新的历史时期继续发展农村基层民主提供了重要指导。

3.3.1 坚持共同利益为纽带是农村基层民主建设的基础

恩格斯指出，“没有共同的利益，也就不会有统一的目的，更谈不上统一的行动。”① 民主不是抽象的东西，只有当它和人民的切身利益联系在一起的时候，它才会受到人们的重视。利益的相关程度决定了人们参与民主活动的积极程度，因此基于利益的分析方法也是马克思批判资产阶级民主与法治的锐利武器。马克思以理性批判的精神揭示了利益与抽象的原则的对立，并揭露了资本主义社会的国家和所谓的法律的虚伪，其本质不过是资本所有者实现私人利益的手段和工具。他认为，资产阶级和无产阶级之间的斗争“首先是为了经济利益而进行的，政治权力不过是用来实现经济利益的手段”②。中国共产党人在革命与建设中也清醒地认识到关注人民群众利益的重要性，离开人民利益的民主是空谈。毛泽东曾指出：“要发展社会主义建设，就必须发挥地方的积极性，中央要巩固，就要注意地方利益。”③ 邓小平同志也指出：“革命是在物质利益的基础上产生的，如果只讲牺牲精神，不讲物质利益，那就是唯心论。”④ 而社会主义民主的先进性，最重要的体现就是国家政权不仅从形式上而且在实质内容上是为人民群众服务的，代表最广大人民群众的根本利益，这与标榜民主的资产阶级国家政权实际上代表小部分人利益有着本质区别。坚持马克思主义的民主理论，就必须坚持唯物主义的利益论基础。

毛泽东在《关于领导方法的若干问题》中指出：“在我党的一切实际

---

① 马克思恩格斯选集（第 1 卷）[M]. 北京：人民出版社，2012：573.

② 马克思恩格斯选集（第 4 卷）[M]. 北京：人民出版社，2012：257.

③ 毛泽东文集（第 7 卷）[M]. 北京：人民出版社，1999：31.

④ 邓小平文选（第 2 卷）[M]. 北京：人民出版社，1994：146.

工作中，凡属正确的领导，必须是从群众中来，到群众中去。”① 从而指出了实现党的正确领导与贯彻群众路线的密切关系，既阐述了群众路线的实践过程，也概括了实践群众路线的任务之一就是弄清楚人民群众的个体利益和整体利益。利益表达通常需要一定的条件，即进行有效传播的媒体和具备一定组织功能的利益集团，以及二者的有效沟通。而更偏重于整体性认识的利益综合主要是通过政府和政党实现的。因为群众政治表达和利益诉求往往是分散的和局部性的，这就需要执政党能够协调各方解决矛盾，只有在充分集中群众的不同意见的基础上，再实现群众利益的一致性和整体性，才是贯彻“将群众的意见集中起来，又到群众中坚持下去”。也就是说，分散、无序、非组织性是群众表达的特点，也是从群众中来的重要一步，而更重要的是把这种表达纳入有明确规范和严格程序的组织表达中，当然这种综合要以保障群众的正常表达为前提，这样才是有效的政治资源整合，才能建立自下而上的有效表达与自上而下的综合利益相结合的民意表达机制和政治组织网络。

所以，民主作为上层建筑的政治范畴最终是要为民生和经济发展服务的，经济是否发展以及发展状况如何在一定程度上也是检验民主建设的标准。“文化大革命”期间社会秩序的混乱严重影响了正常的经济社会发展，除了极少数人获得好处外，绝大多数人民群众并没能从这场政治运动中获得什么，相比而言失去的更多。工人和农民的收入都没有得到增加，甚至许多人温饱都得不到满足，这样的民主运动对人民群众就逐渐失去了吸引力。

基层民主的发展不但要密切关注人民群众的利益要求，而且与民生发展相辅相成。随着生活需要的增加，人民群众参与公共事务管理的积极性也就更高；参与积极性越高，群策群力也使改善民生的动力愈大，形成二者的良性互动。不管是作为目标还是作为手段的民主，都应该是造福于

---

① 毛泽东选集（第3卷）[M].北京：人民出版社，1991：899.

民、有利民生的。中国共产党的农村基层民主建设就是从新民主主义革命时期关注农民最重要、最基本的土地权利开始的，到社会主义建设和改革时期，人民生活日益丰富，利益要求也不断扩展，权利意识不断增强，公共参与领域不断拓宽，基层民主建设的内容也越来越丰富。土地承包经营权、集体资产处置权、公共利益分配权、教育医疗保障等，都是农村基层民主建设关注的重点。同时，基层民主发展的动力也在民生改善和促进和谐的过程中不断增加。

3.3.2 坚持共产党的领导是农村基层民主建设的关键

在半殖民地半封建的中国，社会阶级阶层结构非常复杂，最先进的无产阶级人数很少，还不到总人口的 1%，而农民占人口的大多数。反革命势力异常强大，意味着广大人民群众特别是工人和农民必须结成稳固的工农联盟才能形成浩浩荡荡的革命队伍。中国共产党作为工人阶级领导的先锋队组织，既是组织和动员农民群众的核心力量，更是推动农村基层民主建设的领导力量。在社会主义建设和改革中，也唯有经过历史和实践考验的中国共产党能够承担起领导职责，坚持党的领导才能实现农村基层民主政治的有序发展。实践和历史经验证明，坚持党的领导是实现经济政治现代化的重要保障，也是维护社会稳定的基本支柱。

坚持党的领导不仅意味着中国民主政治发展的正确方向，也意味着处于比较分散状态下的农村，在发展基层民主的过程中有了一个不可或缺的强有力的政治权威的支撑，离开了政治权威的引领和推动，仅仅靠自发的力量是不可能实现成熟的自治的。当农村经济体制改革废除了人民公社，一时间整个农村由统一集中变成了分户经营，基层社会生活出现了极为分散的局面，甚至达到了基层管理的“真空”状态，基层组织也几乎处于瘫痪状态，长此以往，很容易造成新的秩序混乱。所以在人民公社体制废除后，怎样让农民再形成自己的组织进行自我管理，实现民主权利，必须有赖于执政党的推动。

随着多年农村基层民主选举的政治生活实践和经验积累，以及在经济方面借助资源丰富和经济基础较好的优势实现了快速发展，农村的社会分层也在加剧，如东中部地区。一般而言，致富能力是农村选举的一个重要考量。这样，村民自治组织的管理权逐步由能干的“富阶层”接手并不断强化，而当其掌握了基层公共事务的管理权和主导话语权后，则容易使基层社会的“富”和“贫”转化为“强”与“弱”，并使之越来越固定化，从而进一步加大社会差距。这种情况仅仅在村民自治范围内来进行自我调整很难改变，所以需要有适当的外力介入，此时基层党组织的作用就凸显出来。

中国农村各地区差别较大，村民自治在不同地方的实践也有所不同，但其基本原则要一致。所以，为了避免群众自治过程中的随意性、扭曲甚至背离村民自治原则精神的状况的发生，有序推进基层民主发展，基层党组织必须发挥联系国家和基层群众的重要枢纽作用。从世界上一些非西方国家的民主化发展进程可以总结出，民主的发展特别是发展中国家民主的发展，仅仅依赖市民社会自发的完全自下而上的推动会导致社会秩序的混乱、国家分裂等诸多问题，所以由具有现代民主意识的政府权威来推动是一种理性选择。对于中国这个发展中的大国来说，一方面我们在加速走向现代化；另一方面，还有很多地方经济、文化都比较落后，民众的民主意识和民主能力有很大欠缺，在这些地方推进基层民主若离开政府的引导不仅发展较慢，而且可能会酿成混乱。“在发展中国家，离开了先进政党的引导和组织，农村的落后力量不但得不到抑制，而且会继续支配农村社会，民主化进程将更加艰难。”[①] 亨廷顿在《变动社会的政治秩序》一书中，通过对比研究发展中国家现代化过程中出现的问题时指出，一个现代化进程中的政治体系，其能够实现稳定发展的重要决定因素在于政党的力量，强有力的政党组织能够有效维护社会的稳定，而没有强有力的政党组

① 徐勇．中国农村村民自治［M］．武汉：华中师大出版社，1997：50.

织的政治体系更容易出现混乱与政治不安定。其原因在于，商品经济的发展与多元利益并存的条件下，社会成员为了维护自己的利益，会主动寻找参与政治的渠道，而政党作为可以进行利益表达与整合、使社会组织化的团体，是社会成员以集体的形式参与政治的重要选择。中国共产党是中国唯一的执政党，作为重要的利益表达渠道，在吸收新社会成员中的优秀分子加入自己的组织过程中，通过组织的规范作用及意识形态与思想领导的作用，整合他们的利益要求，使他们的利益朝着有利于社会主义的方向发展，符合社会发展的规律，有利于维护社会的稳定。这种领导和推动既有在指导思想和根本制度上的体现，还包括具体制度和相关政策的支持；对违背群众利益、破坏社会稳定和国家统一的势力予以打击和遏制；对民众的民主意识和民主能力的教育与培养；对民主权利实现途径和方式的规范、监督和保障等。这种全方位的推动不是个别力量能够完成的，在中国只有经历过各种考验并由人民选择的中国共产党才可以胜任。所以，特殊的历史和现实国情也决定了坚持党的领导是农村基层民主政治建设的必要条件。

党领导人民通过制定法律确定人民当家作主的各项权利，政府依法办事，人民群众在法律规范内行使权利。党的领导、人民当家作主和依法治国有机结合。其中，党和政府的领导既是基层民主发展的推动力，又是实现规范化、制度化参与的保障力。在一个经济文化相对落后、缺乏民主传统的国家，在全面深化改革的过程中，面临着纷繁复杂的国际、国内形势，在各种思想观念和利益诉求的相互激荡中，唯有坚持党的领导，才能把握全面深化改革特别是民主政治建设的领导权和主动权，才能从中国具体国情出发坚持中国特色民主道路。改革开放以来，如果说家庭联产承包责任制是农村社会发展和进步的一次重大突破，那么在中国共产党的支持和推动下基层民主建设的快速发展就是另一个重大突破。

3.3.3 坚持人民群众真正享有民主权利是农村基层民主建设的目标

民主制度中应完整体现人民群众的主体地位。中国共产党人坚持并且实践马克思主义的人民群众主体地位思想。党的十一届六中全会通过的《关于建国以来党的若干历史问题的决议》中把群众路线概括为："一切为了群众，一切依靠群众，从群众中来，到群众中去。"这是中国共产党人对马克思列宁主义关于人民群众是历史的创造者的原理在中国革命和建设的历史过程中经验的总结。所以在社会主义民主政治建设中，特别是最广泛的基层民主实践中，坚持群众路线的关键是要看如何实现人民群众的利益主体、权利主体的地位等方面。既然人民当家作主是中国特色的社会主义民主的特色和优势，那么民主政治建设就必须真正体现人民群众政治意愿和利益诉求。当建立了相应的政治体制结构以后，民主制度是否有效运转，衡量的标准首先就是人民群众的支持与参与程度。在推进民主政治建设的过程中，群众路线不仅仅是处理好党群关系、干群关系，而是首先要从观念和制度层面确立人民群众的主体地位，让群众不仅能够有渠道表达自己的利益诉求，而且人民的民主权利要有充分的保证。

群众对政府权力的制约和监督也是人民的主体地位的重要体现。邓小平指出："要有群众监督制度……人民就有权依法进行检举、控告、弹劾、撤换、罢免，"[①]"要切实保障工人农民个人的民主权利，包括民主选举、民主管理和民主监督。"[②]对于中国共产党而言，其执政地位是人民群众在历经新民主主义革命后作出的选择，也是人民群众赋予其执政党的各项权力，人民群众对党的公信力和执行力拥有监督和制衡的权力。所以，"从群众中来，到群众中去"也绝不仅仅是在形式上听取群众意见和动员群众开展运动方面，因为人民群众作为国家的主人还拥有广泛的监督权，体现

---

① 邓小平文选（第2卷）[M].北京：人民出版社，1994：332.

② 邓小平文选（第2卷）[M].北京：人民出版社，1994：146.

在事关国家和社会发展的重大决策、政策和方针的制定以及政府的执行力等方面。对于人民群众而言，这是维护自身利益的要求；对执政党和政府而言，这是巩固其执政地位的理性选择。尽管人民代表大会和政治协商会议制度体现了人民的权力以及对党和政府权力的监督，但是，随着人民群众民主权利意识和能力的提高，随着社会生活的复杂变化，在监督的主体、监督的范围、监督的途径、监督的保障机制等方面还要不断完善。

3.3.4　坚持制度化建设是农村基层民主建设的重点

制度化、法制化的民主才是现代社会发展所需要的真正的民主。民主的制度化、法制化指的是，通过系统化、条文化的法律和制度，把人民群众所拥有的管理国家、社会各项事业的民主权利固定下来，并保障其实现。

新民主主义革命时期的《陕甘宁边区施政纲领》《山东省战时施政纲领》等，都对实行民主做了纲领性的规定。在保证民主选举方面，陕甘宁等各个抗日边区政权先后制定了包括选举条例、选举委员会组织章程等内容的 50 多部法律，初步的民主制度化建设为巩固根据地直至取得新民主主义革命胜利提供了重要保障。

邓小平在总结历史经验教训时也多次指出："用大搞群众运动的办法，而不是用透彻说理、从容讨论的办法，去解决群众性的思想教育问题，而不是用扎扎实实、稳步前进的办法，去解决现行制度的改革和新制度的建立问题，从来都是不成功的。"[①] 在和平与发展的时代主题下，民主建设若像过去那种疾风暴雨式的群众运动来进行，其危害是显而易见的，如群众运动的社会成本巨大，缺少理性和秩序，而造成的破坏性往往多于创造性，无益于推动真正的民主建设。所以在民主政治现代化的进程中，把群

① 邓小平文选（第 2 卷）[M]. 北京：人民出版社，1994：336.

众运动的方式转为规范化、制度化的有序表达和政治参与，是发展民主的重要课题。

改革开放以来，随着对社会主义建设规律认识的不断加深和发展民主条件的逐步改善，中国共产党一直在努力推进民主的制度化建设，如对人大代表的选举、监督和罢免做了较为细致的规定，以及实现城乡按相同人口比例选举人大代表，从而进一步完善人民代表大会制度。而在村民自治实践中，也不断加强民主管理和民主监督方面的制度建设，使村民自治制度体系更加健全。总体上来说，在不同层次对人民群众的民主权利的制度保障水平在不断提高。特别是在党的十六大报告中再次论及基层民主时，频繁使用了“制度”“机制”等词语，指出要“健全基层自治组织和民主管理制度，完善公开办事制度。”在中国农村基层民主的实际运行中，只有各个层面和环节及其衔接制度建设越来越完善，如在村委会的直选中，从成立选举工作机构到按规定进行选民登记（确保无遗漏）、确定候选人，直至实行直接选举，包括直选后出现一定情况的罢免和补选，以及监督管理等都实现制度化，才能保障基层民主建设不偏离正确轨道。同时，农村基层民主建设制度化和法制化的意义还在于，在法律、法令的框架内的基层民主运行能够实现有序化发展。

第 4 章

中国农村基层民主建设的理论基础

4.1 马克思恩格斯列宁民主理论

在人类政治文明的发展过程中，民主作为最有价值的成果也是经历了一个漫长的求索过程，千百年来人们为之不懈奋斗、不断进步。不过，民主作为一种价值追求，在不同的社会历史条件人们对它的理解和实践也有很大差别。每个国家的不同阶级状况、不同的国家制度、历史文化传统的差异，特别是经济发展水平的差距，都是形成不同的民主观及民主制度的客观条件。关于民主的真正含义，马克思和恩格斯曾明确指出："民主是什么呢？它必须具备一定的意义，否则它就不能存在。因此全部问题就在于确定民主的真正意义。"①

在东西方的历史中，"民主"都是个非常古老的词汇。中国早在公元前 11 世纪的《尚书·多方》中就有"天唯时生民主"的说法。但这里的"民主"是"民之君主"的意思，与现代民主的含义大相径庭。中国古代政治文化的最高水平是为民做主的"民本"与"清官"思想，没有产生"人民主权"的概念。在西方，"民主"一词源于古希腊文，公元前 5 世纪

---

① 马克思恩格斯全集（第 10 卷）[M]. 北京：人民出版社，1998：315.

古希腊政治学家亚里士多德在《历史》这部书里也使用了“民主”这个概念。而这个“民主”则是由“人民”和“权力”两词合并而成，其含义是指多数人的统治。这种认识也是源于当时古希腊城邦国家的管理模式，不同于现代社会国家的规模。在古希腊时期的城邦国家无论从领土还是人口来看规模都很小，很多时候一城即一国。亚里士多德以执政人数多少或者执政人数占总人数的比重作为划分标准，把这些城邦国家分为三类：一类是一个人统治的国家，称为君主国；一类是少数人统治的国家，称为贵族国；一类是多数人统治的国家，称为民主国。通常所讲的民主是指多数人的统治的含义就是源于此。但仅凭这一个标准来认识民主不够全面，而且在现代社会人民对民主的追求要更多体现于参与社会生活的民主，所以还需要继续研究多数人是来源于何处的多数人、多数的比重应为多少等问题。

民主是社会主义的题中应有之义。马克思主义经典作家从不同的角度认识和阐述民主。早在《共产党宣言》中，马克思和恩格斯就指出：“工人革命的第一步是使无产阶级上升为统治阶级，争得民主。”[①] 恩格斯在《共产主义原理》中指出：“无产阶级革命将建立民主的国家制度，从而直接或间接地建立无产阶级的政治统治。”[②] 列宁也说过：“没有民主，就不可能有社会主义。”“胜利了的社会主义如果不实行充分的民主，就不可能保持它所取得的胜利。”[③] 由此可以看出，马克思主义经典作家对民主的认识在当时无产阶级革命的背景下，是与革命和政治统治联系在一起的。作为工人阶级的斗争武器，马克思主义包含着民主政治这一重要内容，民主也是社会主义社会的重要特征。

民主可以是一种思想，可以是一种制度，也可以是议事决策的机制。广义的民主泛指所有社会生活领域中以少数服从多数为原则进行决定的社

---

① 马克思恩格斯选集（第 1 卷）［M］. 北京：人民出版社，2012：421.

② 马克思恩格斯选集（第 1 卷）［M］. 北京：人民出版社，2012：304.

③ 列宁全集（第 28 卷）［M］. 北京：人民出版社，1991：168.

会活动机制。这种理解涵盖了一切社会形态下以及社会生活各个领域的民主，从历史发展的纵向来看，包括原始社会氏族部落的“议事会”式民主和未来共产主义社会的民主，以及在这中间的各阶级社会的民主。除了观念上的民主认识，也意味着在国家制度层面和社会层面的民主，从内容或者实践范围来看，又包括经济民主、军事民主和基层自治民主等。狭义民主主要表现为国家制度层面的民主，即公民能够自由平等地发表意见，并根据多数人的意愿进行决策的国家政治制度及运行机制。

在民主政治发展的历史进程中，在马克思之前就有人提出民主这一概念，近代以来西方许多学者对民主已经有了一定的探讨，极大地解放了人们的思想。正是在西方民主理论的推动下，民主运动有了相当程度的发展，也推进了人类历史的文明进程。他们的理论和实践都为马克思主义民主理论提供了借鉴。

马克思坚持历史唯物主义的立场，对以往的文明成果进行了扬弃，客观剖析了资产阶级的民主思想和实质，肯定了资产阶级的进步作用，又深刻认识到资产阶级所宣扬的“自由”“平等”仅资产阶级才能享有，而对其他阶级特别是工人和劳动人民而言仅仅是形式而已。但是人民是历史的创造者，是人民真正推动历史前进的步伐。这就超越了黑格尔提出的人民主权与君主主权相统一、人民主权由君主主权中产生的理论，并且揭露了其维护封建统治的实质。马克思和恩格斯始终站在无产阶级的立场上，在指导无产阶级革命斗争的实践中，以辩证唯物主义和历史唯物主义的方法，从不同方面揭示了民主的含义、民主的发展过程和趋势。

民主是一个历史范畴，是人类社会发展到一定历史阶段的产物，与物质生活状况有着密切的关系，不能离开社会历史进程而抽象地存在。马克思和恩格斯从唯物史观的视角，认为民主作为政治上层建筑是由经济基础决定的，人类社会的基本矛盾即生产力和生产关系、经济基础和上层建筑之间的矛盾运动是推动民主发展的根本动力。恩格斯曾明确指出：“直接的物质的生活资料的生产，从而一个民族或一个时代的一定的经济发展阶段，便构成基础，人们的国家设施、法的观点、艺术以至宗教观念，就是从这个基础上发展起来的，因而，也必须由这个基础来解释。”[①]

民主的形式和民主发展的程度是与经济发展水平相联系的，而且一定社会文化和历史传统也会对民主有一定的影响。马克思深刻地揭示了民主与一定社会生活之间的联系：“现代国家承认人权和古代国家承认奴隶制具有同样的意义。就是说，正如古代国家的自然基础是奴隶制一样，现代国家的自然基础是市民社会以及市民社会中的人……现代国家通过普遍人权承认了自己的这种自然基础本身。它并没有创立这个基础。”[②]

民主还是一种国家制度。马克思对民主问题的考察不仅把它与国家问题联系在一起，而且把它作为一种与专制相对的国家制度。在国家制度中体现出的民主，包括国体和政体两个方面，其核心就是由哪个阶级作为统治阶级掌握国家政权，在哪个阶级中实行民主，对哪个阶级实行专政，这就是国体。作为政体的民主，指的是统治阶级具体采取什么样的方式实现自己的统治。在国体与政体中，国体是更具有根本性意义的。实际上，在阶级社会中，不同类型民主之间的区别本质上就是不同阶级统治之间的区别。

民主是具体而历史的。正因为民主与一定的社会生活有着密切的关系，所以在人类社会发展的不同阶段，人们对民主的认识、民主的内容和形式也是在发展变化的。“权利决不能超出社会的经济结构以及由经济结构制约的社会的文化发展。”[③]也就是说，民主的发展不是一种抽象的单独存在，民主的水平也受到社会经济发展的制约。不同的历史时期、不同地域和国家的民主本身就是社会存在的一部分，而社会存在是千差万别的，也正是这种差别体现了人类文明的多样性。从这个意义上来说，不存在可以脱离特定历史环境的或者在任何情况下都适用的、永恒不变的所谓“一般民主”“纯粹民主”“绝对民主”，所以民主政治制度和模式可以互相借

---

① 马克思恩格斯文集（第 3 卷）[M]. 北京：人民出版社，2009：601.

② 马克思恩格斯文集（第 1 卷）[M]. 北京：人民出版社，2009：312-313.

③ 马克思恩格斯选集（第 3 卷）[M]. 北京：人民出版社，2012：364.

鉴，但不可能有通用的模式，即使是科学的民主理论也需要随着实践的发展而发展。比如，东方国家和西方国家由于历史传统、文化背景、价值观念等有很大不同，各自的民主也有很大差别。而且同样的国体也可以有不同的政体形式，更使得现实生活中的民主呈现多样化的表现，如英国搞的是君主立宪制，美国则实行民主共和制。

马克思对阶级社会的民主特别是资本主义民主做了深刻剖析："在历史上的大多数国家中，公民的权利是按照财产状况分级规定的，这直接地宣告国家是有产阶级用来防御无产阶级的组织。"①"现代国家，不管它的形式如何，本质上都是资本主义的机器，资本家的国家，理想的总资本家。"②

马克思对民主的研究坚持了唯物主义的基本立场，从人类社会存在的基础物质——生产方式与民主的联系方面阐明了民主存在和发展的条件。民主不可以超越生产力的发展水平，也不能离开现存社会的所有制基础，不是在任何社会制度和所有制的基础上都能够达到真正的民主目标和实现民主的价值的，在物质生活领域的私有制的范围内不可能建立起真正的民主制。而消灭私有制、实现共产主义是一个漫长的过程，必须认识到民主政治的发展不可能一蹴而就，只能随着社会发展变迁而逐步走向更高层次。

4.1.1　民主的阶级性

正因为马克思把民主这一历史范畴放在客观的社会生活条件中进行分析，马克思没有把对民主的关注仅停留在选举等种种表面形式上，而是透过纷繁多样的表象在本质层面上揭示了民主的阶级性。这是与资产阶级学者的民主认识程度上的重大差别。

---

① 马克思恩格斯文集（第 4 卷）[M]. 北京：人民出版社，2009：192.

② 马克思恩格斯文集（第 9 卷）[M]. 北京：人民出版社，2009：295.

阶级分析法是马克思研究社会历史的基本方法，也是马克思民主思想的首要特征。在对各个历史发展阶段上人们的经济地位和社会关系认识的基础上，马克思和恩格斯明确指出，自原始社会解体以来“至今一切社会的历史都是阶级斗争的历史”。[①]所以，国家就是一个阶级统治为了实现本阶级利益统治、控制其他阶级的工具。“由于国家是从控制阶级对立的需要中产生的，由于它同时又是在这些阶级的冲突中产生的，所以，它照例是最强大的、在经济上占统治地位的阶级的国家，这个阶级借助于国家而在政治上也成为占统治地位的阶级，因而获得了镇压和剥削被压迫阶级的新手段。”[②]从中可以看出，国家从产生时起就不是所有人的国家，而只能是属于部分人的国家，这部分人就是统治阶级，只有统治阶级才能支配国家权力。国家所要维护的也不是所有人的利益，而只能是统治阶级的利益，虽然为了维护统治在一些时候也会照顾到其他阶级的利益，但根本上来说，维护的是在“普遍性”形式下掩盖的特殊利益。在阶级社会中，社会关系集中表现为阶级和阶级利益，这种阶级关系内在地体现在所有的社会关系中，在这个环境中形成的民主也就必然带有阶级性。所以，在阶级社会中不论是哪个阶级标榜的民主都只对本阶级才有意义，因为对另一阶级就是专政。民主制度也不过是把统治阶级的利益用法律制度的形式加以固化而已，目的在于进一步加强对其他阶级的统治。进入到阶级社会以来的不同时期，虽然民主的形式和内容一直在发展变化中，但在所有变化背后其实质是相同的，就是民主的阶级性，超越阶级的、抽象的民主是不存在的。

与封建社会的民主相比，资本主义民主是一个巨大的进步。但这种进步仍停留在私有制基础上的阶级社会的民主，没有在社会经济领域平等基础上的民主，还只是政治形式上的平等。马克思主义认为，要实现真正的民主，而不只是某个阶级内部的民主，就必须扬弃私有制，必须消除阶级

① 马克思恩格斯选集（第1卷）[M]. 北京：人民出版社，2012：400.

② 马克思恩格斯选集（第4卷）[M]. 北京：人民出版社，2012：188.

和阶级对立实现平等，社会以自由人的联合体的形式让每个人真正地享有民主权利。“在那里，每个人的自由发展是一切人的自由发展的条件”，[①] 只有在真正民主的条件下，每个人的发展才能与人类群体的发展完全一致。只有在共产主义社会，才有可能实现真正意义上的民主制度，民主也才成为一种生活方式。而在阶级和国家还没有被消灭时，民主只能是体现在某个阶级内部的民主。即使是在民主发展历史中取得重大进步的资本主义民主，不管资产阶级用任何形式都不能改变其维护资产阶级利益和统治的实质。无产阶级民主意味着无产阶级摆脱剥削阶级的压迫、改变了被剥削的命运，以国家和社会的主人的地位所拥有的民主，是保障大多数人的利益并且为大多数人服务的民主。无产阶级民主的意义在于不仅使受剥削和压迫的劳动人民解放出来，而且是对资产阶级这少部分人的剥夺和专政。也就说，社会主义民主是无产阶级民主，实现了大多数人的统治；资木主义民主是少数人的民主，是剥削阶级的民主。

列宁在马克思和恩格斯的民主思想的基础上有了进一步的认识。1916 年，列宁提出“没有民主，就不可能有社会主义”[②] 的重要论断，其含义包括两个方面：一是对于无产阶级来说，如果不进行争取民主的斗争，就不能为社会主义革命做好准备进而推翻资产阶级的统治，也不会取得革命的胜利；二是在革命取得胜利之后如果不实行充分的民主，就不能保持社会主义革命的胜利果实。列宁在领导工农苏维埃革命时期，在复杂的革命斗争环境中坚持“社会主义民主”，使社会主义革命和建设获得了坚实的群众基础。

4.1.2　民主的经济属性

民主虽然主要体现在社会政治生活中，但与经济有着密切的关系。

---

① 马克思恩格斯文集（第 2 卷）[M]．北京：人民出版社，2009：53.

② 列宁选集（第 2 卷）[M]．北京：人民出版社，2012：782.

首先，经济基础决定上层建筑，民主作为政治上层建筑，其产生、发展都由经济基础所决定，有什么样的经济基础就有什么样的民主。对此，马克思恩格斯指出，“首先必须创造新社会的物质条件，任何强大的思想或意志力量都不能使他们摆脱这个命运”[①]，物质条件可以说是先决条件。

其次，民主作为一种国家制度，发展生产力、推动社会进步是其首要任务，特别是对于无产阶级来说尤为如此。马克思在《共产党宣言》中指出：“工人革命的第一步就是使无产阶级上升为统治阶级，争得民主。无产阶级将利用自己的政治统治，一步步地夺取资产阶级的全部资本，把一切生产工具集中在国家即组织成为统治阶级的无产阶级手里，并且尽可能增加生产力的总量。”[②]

当然，作为政治上层建筑的民主对经济也有反作用，在一定的条件下二者互为前提，相互促进。有什么样的经济基础就有什么样的政治上层建筑，就有什么样的民主，经济基础既决定了民主的产生和发展，也是民主的重要保障；而民主的积极效果就是经济发展的推动力，更完善的民主条件也是经济发展的重要目标。经济发展内在地包含了民主的要求，民主水平的提升也促进经济的发展。正如列宁所说，“任何民主，和任何政治上层建筑一样，归根到底是为生产服务的，并且归根到底是由该社会中的生产关系决定的。”[③]列宁执政期间，大力倡导用民主的方式进行经济管理，拓展企业业务，让人民群众自主管理和监督经济、国家和社会事务。

4.1.3 民主的价值

民主是个“好东西”这一称许并非从来就有。曾经在古希腊时期，民主政治与暴民政治一样声名狼藉，中世纪也是专制盛行。但今天众多国家

---

① 马克思恩格斯列宁论意识形态［M］. 北京：人民出版社，2009：29.

② 马克思恩格斯选集（第1卷）［M］. 北京：人民出版社，2012：421.

③ 列宁全集（第40卷）［M］. 北京：人民出版社，1986：276.

都把民主作为政治发展的目标，就是因为民主所蕴含的多重价值在人类社会的发展中扮演着重要的角色。

人的本质通过民主才能实现。“在民主制中，不是人为法律而存在，而是法律为人而存在；在这里法律是人的存在，而在其他国家形式中，人是法定的存在。民主制的基本特点就是这样。”[①]“民主制是一切形式的国家制度的已经解开的谜。在这里，国家制度不仅自在地，不仅就其本质来说，而且就其存在、就其现实性来说，也在不断地被引回到自己的现实的基础、现实的人、现实的人民，并被设定为人民自己的作品。国家制度在这里表现出它的本来面目，即人的自由产物。”[②]马克思认为，国家是社会发展到一定阶段的产物，“在民主制中，国家制度本身只表现为一种规定，即人民的自我规定……国家制度在这里表现出它的本来面目，即人的自由产物”。[③]民主作为现实生活的存在，是人们意志表达和参与社会管理的种形式，这种参与管理国家的形式只有在民主国家才对人民有意义，国家才成为保护人民自由的工具，政治是为人民服务的，政治实践与人民的利益是一致的。所以民主真正的意义从结果来说就是实现最大多数人的普遍利益。

民主是人民的基本要求，可以实现大多数人的利益。对于无产阶级来说，革命建立社会主义民主，最终是要通过民主实现全人类的解放，实现共产主义，所以民主也具有革命的意义。

坚持人的自由、平等是社会主义民主的价值基础。只有社会主义民主才能实现最大多数人的普遍利益。马克思对自由从个人与社会的关系的角度进行了界定：它不是个人任意而为的权利，这种权利的界限是不能对别人有害处，而是否有害处由法律规定，这就为我们找到了个人权利与社会公共利益的结合点。平等是公民在经济、政治和社会生活权利方面一律

① 马克思恩格斯全集（第 3 卷）[M] 北京：人民出版社，2002：40.

② 马克思恩格斯全集（第 3 卷）[M] 北京：人民出版社，2002：39.

③ 马克思恩格斯全集（第 3 卷）[M] 北京：人民出版社，2002：39-40.

平等，拥有在法律面前一律平等的权利。自由平等是民主政治的内在规定性，也是民主的基本价值基础。唯有在社会主义社会，人民获得了经济和政治的解放，才真正享有了自由和平等的权利。在此基础上，社会主义民主以保障和发展人民的自由、平等为价值追求。在社会主义条件下，民主的价值在表达民意、进行民主决策、调动人民群众的积极性和创造性等方面得以充分体现。所以自由、平等在马克思的“自由人联合体”的思想中，是人类社会发展的最高境界，也是民主发展的理想目标。

4.1.4 民主的责任

尽管千百年来人们为实现民主权利进行了不懈的努力，也不断提高着民主政治的水平，但只有消灭了剥削阶级、实现了人民群众当家作主的社会主义民主才是真实的民主，是从本质上区别于以往阶级社会包括资本主义民主。但是，我们必须认识到，对于社会主义民主建设来说，建立人民当家作主的制度和机构仅仅是社会主义民主的一部分，而通过这些机构让人民群众实现管理国家社会事务的权利、对权力监督和制约的权利，即在社会生活的各个方面体现人民的主体地位，这是民主对于社会发展承载的责任。人民的权利高于一切是民主政体下应有的价值选择，人民是社会的主人，人民控制权力，权力者是人民的公仆，职责是为人民服务。国家为人民权利的享有和行使提供公共服务以及经济、社会等方面的条件，政府应当是服务型政府。正如马克思在 1851 年致恩格斯的信中所说：“民主是政府进化的最终表现。”①

① 马克思恩格斯全集（第 48 卷）[M]. 北京：人民出版社，2007：342.

4.2　毛泽东对农村基层民主建设的有关论述

毛泽东是新中国的主要缔造者，也是中国社会主义事业的奠基人，带领中国人民实现人民民主更是他一生的努力追求。在革命战争年代，虽然作为一个革命政党建设民主政治制度不具备条件，但革命中毛泽东非常明确未来新中国就是要建设民主政治。1939 年，毛泽东首次使用了“人民民主”的概念，并且指出建立一个“人民民主主义的共和国”[①] 是中国革命的目的。

在新民主主义革命时期，以毛泽东为代表的中国共产党人在把握近代中国社会两大主要矛盾的基础上，努力探索符合中国国情的组织和动员群众的途径，以农村基层民主作为发展民主政治的重要切入点，并逐步将其引向深入，最终取得了革命胜利，成功开辟了一条从局部的基层民主实践到全国范围的人民民主专政的道路。

虽然民主革命时期革命的背景和时代主题使毛泽东关于农村基层民主建设的思想带着明显的斗争因素，而且把民主主要作为一种手段，作为解决社会矛盾的“手段”和“方法”。但毕竟在艰难的革命斗争环境中，开启了农村基层民主建设的重要一步，发动了农民这一中国革命的主力军，把落后的农村改造成为先进的民主实验基地和中国共产党开展对敌斗争的坚固阵地。他的民主思想和实践对中国特别是中华人民共和国成立以后的历史产生了深刻的影响。

4.2.1　农民是农村基层民主建设的主要力量

在毛泽东的民主思想中，民主意味着“人民主权”，是一种国家形式或制度，是人民群众的平等权利和参政权利。

在半殖民地半封建社会的中国，农民占人口的大多数，是革命的主力

① 毛泽东选集（第 2 卷）[M]．北京：人民出版社，1991：563.

军，更是农村发展基层民主的主要力量。毛泽东在分析中国社会结构时，认识到农村、农民的特殊地位，以及农民力量对于革命的重要性。如果能够把农民动员起来、组织起来，就能够从根本上壮大革命力量。所以毛泽东认为："所谓国民革命运动，其大部分即是农民运动"[①]，并且强调"农民问题乃国民革命的中心问题，农民不起来参加并拥护国民革命，国民革命不会成功；农民运动不赶速地做起来，农民问题不会解决；农民问题不在现在的革命运动中得到相当地解决，农民不会拥护这个革命"。[②]

农民不但可以成为革命的主要力量，而且也是农村基层民主建设的主要力量。尽管农民的经济状况也有不少差别，由此决定他们的对于革命的态度也有不同，但毛泽东从中国半殖民地半封建社会的国情下对农民进行了分析，认为总体上农民是愿意参加革命的，农村民主建设应当以农民为主力军，而且毛泽东是以农民在革命运动中的表现为依据得出的这一结论。在《湖南农民运动考察报告》中列举的农民在农会领导下做的14件大事，说明农民能够同封建势力作斗争并力图建立新的农村民主秩序，农民才是农村中真正的"民主势力"。毛泽东对广大农民的民主斗争给予了高度评价，"孙中山先生致力国民革命凡四十年，所要做而没有做到的事，农民在几个月内做到了。这是四十年乃至几千年未曾成就过的奇勋。这是好得很。"[③]毛泽东认为中国革命的过程就"是广大的农民群众起来完成他们的历史使命，乃是乡村的民主势力起来打翻乡村的封建势力"[④]的过程。

4.2.2　乡村自治是农村基层民主建设的基本途径

在大革命时期，在农民运动进展较快、地主阶级统治秩序已被摧毁的

① 毛泽东文集（第1卷）[M]．北京：人民出版社，1993：38.
② 毛泽东文集（第1卷）[M]．北京：人民出版社，1993：37.
③ 毛泽东选集（第1卷）[M]．北京：人民出版社，1991：15-16.
④ 毛泽东选集（第1卷）[M]．北京：人民出版社，1991：15.

地方，应及时建立农民的自治组织，否则就会出现无政府状态，可能导致新的混乱。毛泽东曾经指出："由反动的地主手里拿过来的武装，一律改为'挨户团常备队'，放在新的乡村自治机关——农民政权的乡村自治机关管理之下。"① 在这里可以看出毛泽东比较早地认识到农村自治与农村民主的关系，认为通过乡村自治建立农民的政权，是农村基层民主建设的现实途径。

但是农民在以往的生活中并没有足够的民主经验，建立农民政权会面临很大的困难，这就需要中国共产党的组织、协调和帮助。1927 年 4 月，毛泽东在国民党中央土地委员会第一次扩大会议上打消了许多人的疑虑并指出帮助农民建设政权的步骤。毛泽东指出，不断扩大农民协会组织就可以为逐步建立农民政权准备好基础的条件，即从自治组织建设发展到民主政权建设。具体来说分两个阶段：一是革命时期的农民协会建设，以农民协会为政权机构；二是革命以后农民自治组织建设，成立农民乡村政府作为乡村的政权机关，同时也是农民的自治机关。

四一二反革命政变后，农村的反动势力气焰嚣张。在新的环境下，毛泽东认为有必要加强革命力量，所以要继续发展农村组织及创设区乡县的自治机关，把分散的农民进一步组织起来，并且使农民可以通过自己的政权组织打击反动势力，维护自身利益。农民通过乡村民主自治政府自主管理乡村事务，乡村民主自治政府拥有广泛的权利，如对行政事务、经济发展、财政事务、地方建设、土地的分配与管理、教育和文化及调节乡村矛盾等各项管理权。毛泽东将自治机关分乡民会议和乡自治政府两部分。乡民会议面向所有劳动农民，也可以包括非反革命的人。但乡村自治机关，毛泽东不赞成由乡村居民直接选举产生，主张采用委员制。因为农村的社会状况比较复杂也处在变动中，采用委员制可以防止反革命的人（土豪劣绅、种鸦片的、反革命派）乘机混入乡村自治机构，防止反动势力窃夺操

① 毛泽东选集（第 1 卷）[M]. 北京：人民出版社，1991：29.

纵乡村自治机构。这里，毛泽东既强调了农民协会组织建设的群众基础，又强调了民主自治政府农民民主政权的阶级基础。根据中国农村的情况，以农协为基础，建立农村民主自治政权，是在新民主主义革命时期中国共产党人农村基层民主建设的基本思想。

4.2.3 与经济斗争相结合是基层民主建设的基本原则

民主作为一种手段，是为经济基础服务的。这是毛泽东对民主最经典的诠释。对于农民来说，作为一种抽象的价值目标的民主远没有与自己切身利益相关的现实需要更有吸引力。马克思早就深刻揭示了利益与民主斗争之间的关系，“人们为之奋斗的一切，都同他们的利益有关”①，这在不同国家、不同发展阶段的历史中都有体现。

在半殖民地半封建的中国，农村的生产关系虽然被破坏但依然占据着主体地位。土地是农业最基本的生产资料，农民进行生产劳动却没有土地所有权，农业生产效率低下。封建的土地所有制是束缚农业生产、使农民受到残酷剥削的根源。所以，不能拥有赖以生存的土地，农民的民主权利就无从谈起。在民主革命时期，毛泽东非常重视农民的土地问题，认为不能给农民以土地权益就不能从根本上摧毁旧的生产关系和社会基础，所以他强调农民运动中经济斗争与政治斗争是不可分割的。“中国的农民运动乃政治争斗、经济争斗这两者汇合在一起的一种阶级争斗的运动。”②1927年毛泽东阐述了解决土地问题对包括农村民主在内的若干问题的重大意义：废除封建制度、解放农民、增加生产、发展中国工业、增加生产力保护革命、提高文化。③从创建农村革命根据地开始，中国共产党在探索解决农民土地问题过程中，对如何让农民获得土地权益这一生存最基本保障

① 马克思恩格斯全集（第1卷）[M].北京：人民出版社，2002：187.

② 毛泽东文集（第1卷）[M].北京：人民出版社，1993：40.

③ 毛泽东文集（第1卷）[M].北京：人民出版社，1993：43.

的问题认识不断深化，在不同时期根据时局发展和革命需要制定了切实的土地路线和方针政策，轰轰烈烈的土地运动使农村和农民都发生了巨大的变化。到 1953 年春，全国有 3 亿多农民无偿获得了近 7 亿亩土地和大量生产资料，改变了被剥削的状况，真正成为了农村的主人。对农民土地权益的保障不但使中国革命拥有了主力军，而且为农村基层民主政治建设创造了重要的经济环境。

4.2.4　党内民主是做好农村基层民主工作的关键

党内民主也是一种制度，这种制度主要体现为民主集中制。民主集中制是中国共产党的根本组织制度和领导制度，所规范的是党的各级代表大会和代表会议制度，以及党委会的集体领导原则，包括民主与集中两个方面的有机结合，即首先要充分发扬民主，保障每个党员的民主权利，在此基础上实现党的集中统一领导。强调发扬民主这一前提，目的就是要把权力集中到党组织而不是个人手里。中国共产党坚持民主集中制原则带来的最大优势就是通过充分发扬民主而把全党凝聚成一个统一的战斗集体。

以党内民主示范和带动人民民主是历史经验的科学总结。在中国共产党领导人民实现民主的历史进程中，什么时候党内民主正常运行，就能发挥促进和保障人民民主发展的作用；反之，如果党内民主发生了失误，往往也会波及人民民主，使人民民主遇到挫折、遭到破坏。遵义会议以前党的挫折和领导失误给自身和中国革命造成了严重损失，原因之一就是缺乏民主集中制的保障体系，在决策中导致独断专行而发生错误。有鉴于此，党在加强自身建设的过程中，注重了党内民主制度化建设。

在延安时期，中国共产党就明确把扩大党内民主“看作是巩固党和发展党的必要的步骤，是……突破战争难关的一个重要的武器”。[①]1938 年

① 毛泽东选集（第 2 卷）[M]. 北京：人民出版社，1991：529.

10月，六届六中全会开创了党内民主生活的新局面。毛泽东提出：“为使党内关系走上正轨，除了上述四项最重要的纪律外，还需制定一种较详细的党内法规，以统一各级领导机关的行动。”刘少奇在会上做了关于党规、党法的报告，全会通过了《关于中央委员会工作规则与纪律的决定》《关于各级党委暂行组织机构的决定》《关于各级党部工作规则和纪律的决定》。这三个党内法规对于切实贯彻民主集中制，发展党内民主发挥了重要作用，也促进了中国共产党在组织上和决策上的成熟，对发展人民民主起到了关键作用。在农村，没收地主土地的政策改为减租减息，照顾到地主和农民多方的利益，动员更多的抗日力量，扩大了基层民主的范围。进而在抗日战争时期协调各方势力，在最大范围调动人民民主的基础上，促进了抗日民族统一战线的形成。

延安整风运动创造了党内民主生活的新模式，丰富和发展了党内民主生活的实践形态和实践原则。整风运动是总结中国共产党成立以来的革命经验教训、在全党范围内进行的马克思主义学习教育运动，也是一次清除教条主义错误的思想解放运动，是提高党内民主生活质量的有效形式，进一步凝聚了全党力量。因为教条主义是对党内民主冲击和破坏的“左”的思想和行动的认识论基础。同时，批评与自我批评的实现党内民主的方式及治病救人的党内民主实践的价值原则都进一步丰富了党内民主的理论，对后来党内民主的发展产生了重大影响。

1945年召开的党的七大是新民主主义革命时期中国共产党的极其重要的一次代表大会。党的七大是中国共产党团结和自我批评的模范，也把党内民主建设和发展推进到一个新的阶段。例如，党的七大选举产生的新中央委员会，经过各代表团小组提出候选人名单、广泛讨论和充分酝酿预选提出正式候选人名单、无记名投票等几个环节，最大范围发扬了党内民主。在党的代表大会历史上首次以这样的程序选举中央委员会。党内民主建设的不断发展有力地促进了人民民主建设，在不同的革命时期都能够以中华民族的根本利益和最广大人民的根本利益为基础，不断扩大人民民主。在解放战争时期，农村重新没收地主的土地分给农民，彻底地完成反对封建主义的革命，使人民解放军获得了广大农民在人力和物力上的坚定支持，再加上发动国统区人民民主斗争，为解放战争取得胜利奠定了重要基础。

所以，正是党内民主建设得好，才有了延安时期民主政治建设的巨大发展。正如朱德在《和董必武祝寿诗》中所言：历年征战未离鞍，赢得边区老少安。耕者有田风俗厚，仁人施政法刑宽。实行民主真行宪，只见公仆不见官。陕北齐声歌解放，丰衣足食万家欢。

4.2.5　民主选举是农村基层民主建设的首要环节

参与民主选举是农民走进民主政治生活的起点。土地革命战争时期，基层民主建设与苏维埃政权建设相得益彰，为建立和巩固苏维埃政权起到了重要作用。毛泽东大力推进基层民主建设，特别是在民主选举方面总结出了可行的办法。当时政府还存在官僚主义现象，许多干部喜欢摆架子，不愿意接近群众，这些问题都与苏维埃政权的宗旨背道而驰。毛泽东认为导致这些问题的原因就是政府官员非民选不代表民意，所以应当通过民众选举，由人民群众选出能够真正代表民意、愿意为广大人民群众办实事的官员，所组成的才能是人民的政府。为保证选举的有效实施，毛泽东设计了一套比较完整的选举办法，对选举涉及的各环节与步骤都做了细致的规定。例如，关于选举的宣传鼓动、基本选举即最接近群众一级的选举、选民登记、工作报告、候选人名单、选民大会、选举委员会的任务。①“苏区选举运动的模范”才溪乡的选举得到了毛泽东的肯定。中国共产党在土地革命战争时期局部乡村以选举为主要内容的基层民主实践，是根据中国农村的实际情况进行的具有开拓性的民主建设工作，为后来的农村基层民主建设积累了宝贵经验。不过鉴于当时革命斗争的形势和农民的状况，总体

① 毛泽东．今年的选举［J］．红色中华，1933（108）．

上主要还是通过政治动员的方式调动农民，基本是自上而下地推动农村基层民主的。

抗日战争时期，有了一定的农村基层民主建设的经验，毛泽东在陕甘宁边区开始积极构建民主制度，以制度发展和完善民主。而且他认为彻底的民主制度最重要的体现就是建立民主选举制度，所以对民主选举又进行了深入的探索。一是根据时局的发展和主要矛盾的变化，及时扩大了选举与被选举的范围。“抗日统一战线政权的选举政策，应该是凡满十八岁的赞成抗日和民主的中国人，不分阶级、民族、党派、男女、信仰和文化程度，均有选举权和被选举权。”[①] 这就壮大和巩固了抗日民族统一战线，是发展民主与革命斗争的有机结合。二是总结经验，建立健全民主选举制度。土地革命战争时期农村民主的实践经验为民主走向制度提供了条件。1937 年底，《陕甘宁边区选举条例》制定，陕甘宁边区的选举工作也有了较快发展，并对其他抗日根据地的基层民主建设起到了极大的示范和带动作用，各抗日根据地纷纷制定了本地的选举条例，以保证民主选举有序顺利开展。正是在根据地浓厚的民主气氛的感召下，中国共产党抗日民主统一战线政权获得了广泛的认同，也让人民群众凝聚起更强大的抗日力量。

解放战争时期，坚持民主选举，对基层民主监督也做了进一步探索。在坚持抗日战争时期选举制度基础上，又制定了解放区的民主选举制度，而且发动基层群众对政府工作进行批评检查。为彻底完成民族民主革命的任务，剥夺了地主阶级和官僚买办阶级的选举权和被选举权，使农民拥有了在经济上和政治上的更广泛的权利，在农村解放区实行普选制。但是形势的变化也需要选举因地制宜有所变化。随着解放战争的发展，老解放区（主要是农村地区）逐步由参议会改革为人民代表大会的形式，人民代表由直接选举产生。新解放区（主要是大城市）不像农村经过了比较长时间革命的积累，缺少民主选举的基础和积累，普选条件不具备的情况下难以

① 毛泽东选集（第 2 卷）[M]. 北京：人民出版社，1991：751.

达到民主选举的目的，所以暂时推行各界代表会议制度。为了加强基层政权建设，密切干群关系，号召群众进行检查监督，群众有权对政府工作的任何方面提出异议。对于群众反映的问题，政府及时通过召开民主会议商量解决，使基层干部保持了与群众的密切联系，避免了官僚主义的工作作风。

4.3　中国特色社会主义农村基层民主建设理论

在中国特色社会主义建设中，基层民主一直是民主政治建设的重中之重。几乎在每次全国人民代表大会和党的代表大会上发展基层民主都是重要议题之一。基层民主最直接、最广泛地关系着广大人民群众的切身权利，是全部民主政治的基础。以邓小平为代表的中国共产党人不断总结各个时期民主建设的经验教训，在实践中逐步深化对社会主义民主本质的认识，推动丰富民主内容与创新民主形式内在统一，结合中国的国情探索中国特色的民主之路，促进了以村民自治为代表的基层民主实践蓬勃发展，不断丰富中国特色社会主义农村基层民主理论。

4.3.1　邓小平对农村基层民主建设的有关论述

党的十一届三中全会以后，以邓小平同志为核心的中国共产党领导集体带领人民重启了现代化建设进程，在改革中对社会主义的许多问题都进行了深入思考，包括民主政治建设、政治体制改革等问题，做出了许多重要论述。这些基层民主建设方面的思想对保障和扩大人民民主权利，有序推动基层民主具有重要指导意义。

坚持民主作为社会主义的内容并且作为重要标准，社会主义民主是手段和目的的统一。民主与社会主义密不可分，民主是社会主义的本质和内在要求，社会主义是实现人民民主的根本保证。邓小平认为“没有民主就没有社会主义，就没有社会主义的现代化。当然，民主化和现代化一样，也要一步一步地前进。社会主义愈发展，民主也愈发展。”[①]把发扬民主作为中国共产党一个长期的坚定不移的目标，深刻认识到民主建设是中国特色社会主义的内在属性和目标，并且把民主作为发挥社会主义制度优越性的要求之一。“在经济上赶上发达的资本主义国家，在政治上创造比资本主义国家的民主更高更切实的民主，并且造就比这些国家更多更优秀的人才。”[②]在这里，邓小平从中国特色社会主义的政治本质高度来定位民主，突出特殊国情下民主对社会主义的重要意义及二者的内在关系。

建设中国特色社会主义民主是一项任务繁重的系统工程，包括民主意识培养、民主实践锻炼、民主制度建设等。1979年3月，邓小平在党的理论工作务虚会上指出：“我们过去对民主宣传得不够，实行得不够，制度上有许多不完善，因此，继续努力发扬民主，是我们全党今后一个长时期的坚定不移的目标。”[③]这里邓小平指出了中国民主建设的任务。“旧中国留给我们的，封建专制传统比较多，民主法制传统很少”，[④]“肃清思想政治方面的封建主义残余影响这个任务，因为我们对它的重要性估计不足，以后很快转入社会主义革命，所以没有能够完成。”[⑤]所以，要建设中国特色社会主义民主，人民群众的民主意识、社会主义的民主观念的培养必不可少。而“在民主的实践方面，我们过去做得不够，并且犯过错误。”[⑥]所以邓小平主张“要创造民主的条件，要重申‘三不主义’：不抓辫子，不扣帽子，不打棍子，在党内和人民内部的政治生活中，只能采取民主手段，

① 邓小平文选（第2卷）[M].北京：人民出版社，1994：168.
② 邓小平文选（第2卷）[M].北京：人民出版社，1994：322.
③ 邓小平文选（第2卷）[M].北京：人民出版社，1994：176.
④ 邓小平文选（第2卷）[M].北京：人民出版社，1994：332.
⑤ 邓小平文选（第2卷）[M].北京：人民出版社，1994：335.
⑥ 邓小平文选（第2卷）[M].北京：人民出版社，1994：168.

不能采取压制、打击的手段。”① 同时，邓小平高度重视社会主义民主的制度化建设。在对以往出现的破坏民主、践踏法制的惨痛教训的反思中，邓小平总结为两方面的原因：一是与某些领导人的思想和作风有关，在集中体制下，领导人的思想认识出现失误就会造成严重影响；二是在组织制度、工作制度方面的问题，并且后者是更为关键的因素。“领导制度、组织制度问题更带有根本性、全局性、稳定性和长期性”②，所以社会主义民主建设的根本任务是把发展民主和健全法制有机结合。“社会主义民主和社会主义法制是不可分的”，③ 民主是法制的目的和基础，法制是民主的体现和保障。人民掌握了国家政权，把自己的意志上升为国家法律；同时，人民在国家中的地位、各种权利和行使权利的原则和程序、制裁违法犯罪行为的方式和途径等，需要以法律形式明确，并由国家强制力量保证实施。

邓小平关于民主的认识既坚持马克思主义基本原理，又体现了中国共产党在反思中理论认识的提升，也适用于指导农村基层民主建设。同时对于农村基层民主建设，邓小平也给予了很多关注，提出了许多卓有见地的认识，对于保障和扩大农民民主权利起到了重要作用。1987 年 3 月，他在接见外宾时提出要给包括农民在内的人民群众以更多的自主权，强调民主权利的具体化。

（1）基层民主的实质在农村就是把权力下放给农民

邓小平认为：“把权力下放给基层和人民，在农村就是下放给农民，这就是最大的民主。”④ 让人民真正享有管理基层行政和社会事务的权利，是社会主义民主的重要内容，包括政治民主、经济民主和社会管理民主等诸

① 邓小平文选（第 2 卷）[M]. 北京：人民出版社，1994：144.
② 邓小平文选（第 2 卷）[M]. 北京：人民出版社，1994：332-333.
③ 邓小平文选（第 2 卷）[M]. 北京：人民出版社，1994：359.
④ 邓小平文选（第 3 卷）[M]. 北京：人民出版社，1993：252.

多方面。“要切实保障工人农民个人的民主权利，包括民主选举、民主管理和民主监督……而且一定要使每个工人农民都对生产负责任、想办法。”①

（2）农村基层民主建设要有“中国特色”

要吸收国际经验但不能照搬西方模式，中国基层民主建设的内容和方式必须根据中国的现实情况，尊重人民群众的创造。而且中国各地区在发展水平上、生活习惯上都有差异，所以各地的基层民主建设要根据不同的情况采取不同方式激发群众的民主参与热情。邓小平在 1987 年 6 月 12 日《改革的步子要加快》一文中指出，调动积极性是最大的民主。有了积极性，就可以根据实际情况探索各种民主形式的具体做法。早在抗日战争时期，邓小平就曾指出：“一切工作的基础在村，我们必须注意村级工作的领导。……村级工作是很复杂的，各级党必须继续研究与解决村的工作问题。”② 邓小平对基层民主建设的思考始终与人民群众的实践探索联系在一起，关注人民群众的现实需要，支持并重视人民群众在基层民主建设的首创精神和实践经验。1962 年，邓小平提出：“生产关系究竟以什么形式为最好，恐怕要采取这样一种态度……群众愿意采取哪种形式就采取哪种形式，不合法的使它合法起来。”③ 可以说，这是保障农民基层民主权利在经济生活中的重要体现。

（3）强调基层民主建设要加强党的领导

中国共产党的农村基层组织是党的全部工作和战斗力的基础。要增强基层党组织在推动基层民主建设中的核心作用。“我们要在民主政治斗争中，保证党对政权的领导，我们更要在民主政治斗争中，使党成为群众的

① 邓小平文选（第 2 卷）[M]. 北京：人民出版社，1994：146.

② 邓小平文选（第 1 卷）[M]. 北京：人民出版社，1994：76.

③ 邓小平文选（第 1 卷）[M]. 北京：人民出版社，1994：323.

党！”[①] 党在领导民主建设时，发扬民主作风，领导各地群众根据不同的情况因地制宜地创造丰富多样的民主形式。

（4）基层民主建设以促进经济发展为重要内容

扩大基层自主权首要就是让农民获得经济上的自主权，物质生产生活上的改变是民主的重要体现，所以要调动农民的生产积极性。社会主义的经济民主，改革经济管理体制中权力过分集中的弊端，“应该让地方和企业、生产队有更多的经营管理的自主权”[②]，以恢复和发展农业生产为选择生产形式的根本标准，“切实保障工人农民个人的民主权利，包括民主选举、民主管理和民主监督”[③]，这样才能“发挥国家、地方、企业和劳动者个人四个方面的积极性”[④]，提高经济管理效率和劳动生产效率。事实也正如邓小平所期望的，短时间内使农业生产获得了巨大发展。

此外，邓小平还认为，制度化和民主决策是保障决策科学合理的重要手段。这种制度不仅指人民代表大会制度等国家层面的政治制度，也包括广大人民群众可以更广泛参与的基层民主制度。企事业单位、乡村、城市社区等，都必须以基层民主制度建设来确保人民群众能够直接行使民主权利，这样才能广纳民智、民主决策，提高基层管理决策的科学性，减少失误。

4.3.2　江泽民对农村基层民主建设的有关论述

党的十三届四中全会后，在坚持发展中国特色社会主义的过程中，在社会主义基层民主建设方面，江泽民立足世情、国情，继承和发展了马克

① 邓小平文选（第 1 卷）[M]. 北京：人民出版社，1994：21.
② 邓小平文选（第 2 卷）[M]. 北京：人民出版社，1994：145.
③ 邓小平文选（第 2 卷）[M]. 北京：人民出版社，1994：146.
④ 邓小平文选（第 2 卷）[M]. 北京：人民出版社，1994：145.

思主义关于民主建设的基本思想，进一步认识到农村基层民主建设的重大意义。江泽民在党的十五大报告中明确指出，“扩大基层民主，保证人民群众直接行使民主权利，依法管理自己的事情，创造自己的幸福生活，是社会主义民主最广泛的实践。而农村基层民主制度建设，是社会主义民主在农村最广泛的实践，也是巩固农村基层政权，密切干群关系，促进农村社会进步的重要举措，是充分发挥农民积极性，促进农村两个文明建设，确保农村长治久安的一件带根本性的大事”。[①] 这表明中共领导集体对改革开放中基层民主建设的重要地位有了更全面的认识，形成了具有鲜明时代特色和中国特色的基层民主建设思想，为继续推进农村基层民主建设确立了全局性的指导方针，为即将进入到小康社会发展阶段的民主建设明确了新的目标。

（1）把民主政治建设纳入小康社会建设的目标要求之中

社会发展阶段不同，民主的发展程度也有所不同。随着人民群众物质生活水平的提高，民主意识和要求也在提高，社会主义民主的内容和目标必须与时俱进。“发展社会主义民主政治，建设社会主义政治文明，是全面建设小康社会的重要目标。”[②] 民主政治与共同富裕的社会主义本质要求也有着密切关系。“共同富裕”是社会主义的目标，但其实现是一个长期的过程，内容包括经济发展、政治民主、文化繁荣、人们的思想进步，等等。其中，民主政治的发展水平在相当程度上影响和制约着其他方面的发展，因而走向现代化的过程也突出体现为民主化的过程。同时，江泽民指出：“扩大基层民主是发展社会主义民主的基础性工作……完善村民自治，健全村党组织领导的充满活力的村民自治机制。”[③]

---

① 中共中央文献研究室．江泽民论有中国特色的社会主义（专题摘编）［M］．北京：中央文献出版社，2002：313.

② 江泽民．论“三个代表”［M］．北京：中央文献出版社，2001：28.

③ 江泽民．论“三个代表”［M］．北京：中央文献出版社，2001：28-29.

（2）依靠党基层组织领导和依法办事是发展农村基层民主的基本保证

中国的农村基层民主建设涉及范围之广、人数之多、工作之繁杂是前所未有的，这就更需要这项工作必须有明确的目标且有序进行，否则就有可能出现混乱的局面。江泽民对这一问题的认识高屋建瓴，关键在于坚持党的领导，坚持依法办事。1998 年，江泽民在安徽考察农村工作时明确指出："扩大农村基层民主，必须坚持党的领导，必须坚持依法办事，把握住了这两条就能够有领导、有秩序、有步骤地进行。"[①]"党的农村基层组织是农村各种组织和各项工作的领导核心"[②] 党的领导发挥指引基层民主发展方向的作用；依法办事强调民主发展的法律依据和保障作用，使农民各项民主权利在决策和制度的实施中得以实现。

（3）实现村级民主管理的制度化

在党的十五大报告中，江泽民总结了改革开放以来基层民主建设的经验，并充分肯定这一时期的发展成就，进一步明确了基层民主的发展方向，"城乡基层政权机关和基层群众性自治组织，都要健全民主选举制度，实行政务公开和财务公开，让群众参与讨论和决定基层公共事务和公益事业。"[③]1994 年 3 月，江泽民在中央农村工作会议上指出，"村委会建设重点是建立健全民主管理制度，实行村务公开、财务公开。凡涉及群众切身利益的大事，都要由群众讨论决定，并由群众监督实施，使村务管理逐步走向制度化、规范化。"1998 年，他在考察安徽工作时进一步指出："当前，重点要抓好村级民主制度建设，依法健全三项制度：一是村民委员会的直选制度，让农民群众选出自己满意的人管理村务；二是村民议事制度，村

---

① 中共中央文献研究室．江泽民论有中国特色的社会主义（专题摘编）［M］．北京：中央文献出版社，2002：314.

② 江泽民．论"三个代表"［M］．北京：中央文献出版社，2001：12.

③ 江泽民．论"三个代表"［M］．北京：中央文献出版社，2001：32.

里的大事，都要经过村民大会或村民选出的代表讨论，不能由少数人说了算；三是村务公开制度，凡是群众关注的问题，都要定期向村民公开，接受群众监督。”①

4.3.3 胡锦涛对农村基层民主建设的有关论述

党的十六大以来，以胡锦涛同志为总书记的党中央继续坚持党领导的以村民自治为主要内容的农村基层民主建设发展方向，按照马克思主义民主理论和社会主义民主目标要求，继承和发展中国特色民主理论，把对中国特色社会主义基层民主建设的认识提升到一个新的战略高度。

(1) 基层直接民主与高层间接民主都是社会主义民主政治的创造

社会主义的民主既需要国家层面的根本政治制度，也需要可以实现更广泛参与的基层民主制度，都是社会主义民主的生动实践，都是以广大人民群众为主体，都遵循权利平等的原则，都共同体现了宪法的基本精神，都是人民当家作主的实践。胡锦涛深刻指出了发展基层民主的战略地位和重要意义：“人民通过自己选出的代表组成全国人大和地方各级人大，行使管理国家事务、管理经济和文化事业、管理社会事务的权力，同时在基层实行群众自治等形式的直接民主，这是我国社会主义民主政治的一大创造，是我国人民民主制度优越性的重要体现。发展社会主义基层民主政治，有利于坚持和巩固人民当家作主的政治地位……有利于促进社会和谐，实现国家长治久安。”② 这使中国共产党人在现代化建设中对基层民主建设的认识更为深入和全面。

---

① 江泽民.全面推进农村改革开创我国农业和农村工作新局面[N].人民日报，1998-10-05（第1版）.

② 胡锦涛.提高社会主义基层民主政治建设水平保证基层人民群众直接行使民主权利[N].人民日报，2006-12-02.

（2）基层民主是人民当家作主最有效、最广泛的途径

胡锦涛多次强调实现人民当家作主中基层民主的重要作用。1998 年，胡锦涛在全国农村基层组织建设经验交流暨表彰会议上提出，落实依法治国方略，农村基层民主建设是属于重要的基础性工作。农村基层民主建设得好，既能加强农村基层组织建设，也能调动广大农民群众积极性。在 2007 年党的十七大报告中，胡锦涛进一步指出："发展基层民主，保障人民享有更多更切实的民主权利。人民依法直接行使民主权利，管理基层公共事务和公益事业，实行自我管理、自我服务、自我教育、自我监督，对干部实行民主监督，是人民当家作主最有效、最广泛的途径。"[①] 这就进一步强调了在社会管理中要坚持民主、充分体现民主。

（3）基层民主是发展社会主义民主的基础性工程

不同于其他层次民主多为间接实现的方式，基层民主以其直接性的特点，成为涵盖主体范围最大的人民群众实现民主的起点，作为民主政治建设的一部分，更是民主政治发展的重要基础。离开了基层民主建设也就失去了人民当家作主的直接体现。基层民主实践是民主政治发展特别是高层民主发展的丰富土壤。广大人民群众民主精神的培育要从基层开始，民主能力也需要在基层民主参与中逐渐提升，民主实践形式的创新也经常来源于基层人民群众的大胆试验，民主机制的健全更离不开基层的探索。在这种最直接、最广泛的民主实践中，人民群众真正理解什么是民主，什么是社会主义民主，如何当家作主。"扩大基层民主，保证人民群众直接行使民主权利，依法管理自己的事情，是社会主义民主最广泛的实践，是社会主义民主政治建设的基础性工作。"[②] 在党的十七大报告中，胡锦涛更强

① 胡锦涛 . 高举中国特色社会主义伟大旗帜，为夺取全面建设小康社会新胜利而奋斗［M］. 北京：人民出版社，2007：30.

② 提高社会主义基层民主政治建设水平保证基层人民群众直接行使民主权利［N］. 人民日报，2006-12-02.

调，发展基层民主“必须作为发展社会主义民主政治的基础性工程重点推进”。[①] 尽管中国共产党一直都很重视基层民主建设，但是把它作为整个民主政治建设中的基础性工程重点推进，其重要性更为突出，在党的历次代表大会报告做如此表述尚属首次，充分展现了中国共产党人在中国特色社会主义事业发展中，在实现经济快速发展的基础上加快基层民主建设步伐的意志和决心，对丰富人民的民主权利内容和提高人民当家作主的水平具有重要意义。

（4）从制度建设上提升了基层民主建设的地位

党的十六大把发展基层民主作为坚持中国特色社会主义政治发展道路的重要组成部分，明确了新世纪基层民主建设的任务；党的十七大把这一要求进一步丰富发展，不但强调基层民主制度更加完善是全面建成小康社会的目标内容之一，而且第一次把基层群众自治制度作为国家基本政治制度之一，这是完善中国特色社会主义基本政治制度体系的一大进步，也表明中国共产党对基层民主制度化建设的认识与实践都提高到一个新的水平。

（5）进一步丰富基层民主建设的内容，把社会组织也纳入基层民主的范围

胡锦涛多次强调要让人民群众在各单位、各组织中直接行使民主权利、管理公共事务、监督领导干部，也就是从增强组织依托方面保障人民群众实现民主权利。在党的十七大报告中胡锦涛进一步指出：“要健全基层党组织领导的充满活力的基层群众自治机制，扩大基层群众自治范围，完善民主管理制度，把城乡社区建设成为管理有序、服务完善、文明祥和的社会生活共同体。……发挥社会组织在扩大群众参与、反映群众诉求方

① 胡锦涛．高举中国特色社会主义伟大旗帜，为夺取全面建设小康社会新胜利而奋斗［M］．北京：人民出版社，2007：30.

面的积极作用，增强社会自治功能。”[①] 从中可以看出，在继续发展基层单位民主的同时，把社会组织纳入基层民主范围予以重视，适应了改革中出现的社会组织多样化的发展需要，拓宽了基层民主建设主体的参与范围丰富和扩大了基层民主的内容。

以群众利益作为基层民主建设的出发点和落脚点。对于广大人民群众而言，民主实践的过程往往是政治参与与争取利益相结合的过程，尤其基层民主实践是最直接的自身利益的表达过程，而这也是党和政府必须首先关注的问题。所以“要把解决好人民群众最关心、最直接、最现实的利益问题作为出发点和落脚点……使社会主义基层民主政治建设在促进基层经济社会发展、促进人民生活改善、促进社会和谐中发挥重要作用”。[②] 这就为发展基层民主及时充实了具体内容，使基层民主建设落到实处，让人民群众能够感受到社会主义民主不仅是为了人民群众的长远利益和根本利益，而且也体现在现实利益和眼前利益上，更有效地发挥了民主的社会功能。

4.3.4　习近平总书记对农村基层民主建设的有关论述

在全面深化改革的进程中，立足于中国农村社会的发展变化，中国共产党人进一步深化对中国特色社会主义民主建设规律的认识，在继承以往中国共产党领导人的农村基层民主建设思想的基础上，习近平总书记提出了发展农村基层民主的新要求。

（1）坚持并发展了民主政治建设的人民主体地位

从党的十七大提出基层民主制度化建设到党的十八大报告提出完善基

① 胡锦涛．高举中国特色社会主义伟大旗帜，为夺取全面建设小康社会新胜利而奋斗［M］．北京：人民出版社，2007：30.

② 胡锦涛．提高社会主义基层民主政治建设水平　保证基层人民群众直接行使民主权利［N］．人民日报，2006-12-02.

层民主制度，中央再次把基层民主提到重要地位，表明加快基层民主制度化建设的重要性和紧迫性。报告提出要健全基层党组织领导的充满活力的基层群众自治机制，不断扩大人民群众的有序政治参与、积极推进多渠道信息公开、以协商提高决策和议事合理性、以加强对权力的监督为重点，从多方面提高人民民主水平。在已经有了一定的基层民主建设经验的基础上，应当加强自上而下的制度设计，加快促进人民群众在具体事务中以制度化的方式参与管理和监督。习近平总书记在全国人大成立六十周年纪念大会上指出："中国共产党来自人民、服务人民，这就决定了中国共产党领导人民建立的中华人民共和国必须紧紧依靠人民治国理政、管理社会"，"我们要坚持国家一切权利属于人民，既保证人民依法实行民主选举，也要保证人民依法实行民主决策、民主管理、民主监督，切实防止选举时漫天许诺，选举后无人过问的现象""一个政党，一个政权，其前途命运取决于人心向背。人民群众反对什么、痛恨什么，我们就要坚决防范和打击。人民群众最痛恨腐败现象，我们就必须坚定不移反对腐败。要坚持用制度管权管事管人，抓紧形成不想腐、不能腐、不敢腐的有效机制，让人民监督权力，让权力在阳光下运行，把权力关进制度的笼子里。"[①] 要推进权力运行公开化、规范化，完善党务公开、政务公开、司法公开和各领域办事公开制度，让人民监督权力，让权力在阳光下运行。[②]

(2) 提出发展社会主义协商民主

协商民主主张在多元社会现实背景下，在决策和立法等方面通过普通公民的广泛参与，使决策能够体现社会最大的共识，其核心要义就是商议与共识，其结果是双赢或共赢。这是中国共产党在民主政治理论创

① 习近平.在庆祝全国人民代表大会成立60周年大会上的讲话[N].人民日报，2014-9-6.

② 习近平.在庆祝中国人民政治协商会议成立65周年大会上的讲话[N].人民日报，2014-9-22(第2版).

新和制度创新中取得的重大成果。习近平总书记在庆祝中国人民政治协商会议成立 65 周年大会上发表讲话指出，社会主义协商民主，是中国社会主义民主政治的特有形式和独特优势，具有深厚的文化基础、理论基础、实践基础、制度基础，是中国共产党的群众路线在政治领域的重要体现。[①]

发扬民主协商的传统和优势，加强以协商民主的方式推进民主监督、民主参政议政，能够体现各方利益，从而更好地协调各方关系，汇聚各方力量，发挥人民群众建言献策的积极作用，推进协商民主广泛、多层、制度化发展。在公民与官员之间直接面对面的对话与讨论中公民的直接的政治参与，是当代社会主义民主政治的重要表现。

（3）以民主集中制推进协商民主广泛多层制度化建设

党的十八届三中、四中全会在党的十八大相关理论基础上对发展基层民主提出了更加明确的要求：畅通民主渠道加强同人民群众的联系，健全基层民主机制保障民主权利的落实，规范选举提高民主选举的质量，扩大监督的范围发挥民主监督的作用，创新基层民主协商形式，加强基层协商制度建设，实现人民群众常态化的政治参与。为深入贯彻落实上述精神，继印发《关于加强社会主义协商民主建设的意见》之后，中共中央办公厅、国务院办公厅又印发了《关于加强城乡社区协商的意见》，对加强城乡社区协商的总体要求、主要任务、组织领导等做了系统的规定，是进一步做好城乡社区协商工作的具体指南。

在中国革命、建设和改革的不同历史时期，中国共产党人始终致力于人民民主的发展，也开辟了中国特色的农村基层民主建设之路。从新民主主义革命时期的乡村基层选举、局部人民民主执政，到社会主义建设和改革时期村民自治的制度化建设、推进“四个民主”建设以及发展协

① 习近平．在庆祝中国人民政治协商会议成立 65 周年大会上的讲话［N］．人民日报，2014-9-22（第 2 版）．

商民主等，形成了包括农村基层民主建设主体、领导力量、基本原则、发展目标、发展战略等比较完整的认识，为推动农村基层民主发展提供了理论基础。

第 5 章
中国农村基层民主建设的现状

5.1 农村基层民主建设取得的成就

改革开放以来，中国共产党领导人民成功开辟了中国特色社会主义道路，不仅经济建设实现了巨大发展，而且政治建设包括农村基层民主政治建设也取得了重大成就。基层民主法治不断完善，广大农民进行了全方位、多领域的广泛民主实践，依法行使民主选举、民主决策、民主管理和民主监督权利，农村基层民主的内容和形式不断丰富，已经成为当代中国最直接、最广泛的民主实践。

5.1.1 农村基层民主法制基本建立

农村基层民主建设法律政策逐步走向多元与完善。

宪法及有关法律法规构成了农村基层民主建设的法律基础：1982 年 12 月，第五届全国人大第五次会议通过的《中国人民共和国宪法》赋予了村委会以基层群众性自治组织的明确身份，而且指明了农村基层民主建设的发展方向。1987 年 11 月，历时 4 年并经过 30 次反复修改《中华人民共和国村民委员会组织法（试行）》在六届全国人大常委会第 23 次会议审议通过并发布，尽管仍有许多不完善之处，但对村委会的性质、职责和组织架构等基本问题都予以明确，确立了村委会的法律地位。1990年，民政部在全国范围开展村民自治示范活动，重点开展农村民主选举工作。经过在农村运行《村民委员会组织法》（试行）的探索和完善，1998年11月，九届全国人大常委会第5次会议通过了《中华人民共和国村民委员会组织法》（以下简称《村民委员会组织法》），修订完善了之前的试行法。这就从根本上奠定了农村基层民主建设的法律基础。

随着农村社会的发展变化，农民的生活空间与以往有了很多不同，新法律必须对这一变化给予关注，所以在2010年10月颁布实施的《中华人民共和国村民委员会组织法》就对在籍不居住和居住不在籍的公民参加村委会选举进行了规定，进一步保障了人民群众行使选举权和被选举权、村级事务的知情权。这些法律为实现农民群众当家作主提供了重要的依据和保障。

中国共产党领导农村基层民主建设的政策基础：《中共中央、国务院关于加强农村基层政权建设工作的通知》（中办发〔1986〕22号）进一步要求各地区充分发挥农村基层自治组织自我教育、自我管理、自我服务作用，农村基层民主政治建设的法律制度体系基本建立。此后，农村基层民主政治建设的指导文件陆续出台，对加快全面落实村民自治为核心的农村基层民主建设提供具体指导，相关的政策措施不断完善。党政部门联合自上而下推动和规范农民广泛参与到基层民主政治生活中。中共中央办公厅、国务院办公厅多次下发文件，对村委会民主选举的程序、条件，以及村务公开方面的事务进行了指导和规范；对村委会印章刻制和管理、村民一事一议筹资筹劳管理办法等村民自治涉及的具体事项也予以了规范；同时对与村民自治密切相关的村级基层党风廉政建设、乡镇政务公开等问题也做出专门部署，如《中共中央办公厅、国务院办公厅关于进一步做好村委会换届选举工作的通知》（中办发〔2002〕14号）、《中共中央办公厅、国务院办公厅关于健全和完善村务公开和民主管理制度的意见》（中办发〔2004〕17号）等。这些政策进一步对农村民主选举、民主管理以及村务公开等事项做出了具体规定，构成了中国共产党领导农村基层民主建设的政策基础。

在《村民委员会组织法》原则规定的基础上，根据我国两级立法的精神，各省（自治区、直辖市）的省级人大都根据各地方的不同情况及时制定了村委会组织法实施办法以及村委会选举办法（以下统称地方法规），以落实和规范农村村民委员会的选举。在全国 31 个省（自治区、直辖市）的地方法规中，对候选人资格条件的限定有所不同。例如，上海、河南、湖南、广西、四川、海南、云南没有规定候选人的资格条件；北京、天津、河北、山西、内蒙古、辽宁、吉林、江苏、安徽、江西、浙江、山东、湖北、广东、重庆、贵州、西藏、陕西、甘肃、青海、宁夏、新疆、福建 23 个省（自治区、直辖市）对候选人条件进行了原则规定，诸如应遵纪守法，具有大局意识、服务意识，办事公道，为人正派，工作能力较强，身体素质较好等；也有个别省份对候选人规定比较严格，如《黑龙江省村民委员会选举办法（修正）》第十三条规定，村民委员会成员候选人除了在遵守法规、身体素质、组织和领导能力、服务意识等方面的规定以外，还有在遵守计划生育法规方面的要求。违反计划生育政策法规的，3 年内不得被提名为村民委员会成员候选人。这也是村民委员会组织法运行的地方特点。

全国 31 个省（自治区、直辖市）制定了村委会选举的地方性法规，29 个省（自治区、市）颁布了村委会组织法施行办法，使村民自治和农村基层民主建设得以有效组织和开展。

5.1.2　农村基层民主机制基本确立

在全面改革的探索中，农村基层民主建设已经基本建立了权责相对明确的机制架构。区县民政部门、乡镇政府、村级党组织在农村基层民主建设中各司其职，发挥不同作用，形成总合力，在相互配合中推进村民自治的发展，共同推进中国共产党领导的中国特色农村基层民主建设。

（1）村党组织与乡镇党委

村党组织要接受乡镇党委的领导，农村基层党组织是基层民主建设的领导核心。这种领导主要体现在政治上、组织上和思想上的全面直接的领导，目的就是保证党对乡村社会的领导权。通过加强对农民党员和村党组织的有效管理，在农村基层民主建设中发挥党员的模范带头作用，发挥党支部在凝聚人民力量、保障人民利益的战斗堡垒作用，从而保证农村基层民主建设的正确方向。

（2）乡镇政府与村委会

乡镇政府指导村委会工作，指导村民自治的发展。村民自治的范围包括农村社会生活的方方面面。在《村民委员会组织法》规定，发展本村经济、推进公益事业、调解民事纠纷、管理本村公共财产、发展文化教育等都是村民自治的事项。乡镇政府必须尊重村民的自治权利，支持村委会工作，不得对其进行直接行政干预。同时，乡镇政府需要指导村委会开展村民自治工作，并有权利村委会工作进行监督。如对不能及时进行村务公开的村委会，乡镇政府在调查核实后有权责令村委会及时公布；在调查中发现确有人员违法犯罪行为的，提交有关部门依法进行处理。

为了更好地发挥乡镇政府在农村基层民主建设中的作用，近年来，乡镇政府机构改革逐步推进，组织建设趋于完善。乡镇基层政权基本健全了党委、政府领导机制和民主决策机制。精简人员编制，加强干部农村工作能力培训，各乡镇机构及区县下派工作组能够有效完成日常管理工作，工作方式向指导发展上转变。随着取消农业税等农业税收政策的改革，乡镇政府由过去的“两管两要三催”（管春种、管秋收，要统筹、要提留，催还贷、催公粮、催税收）转变为指导、服务农村和农民发展需要。通过推行乡镇机构改革，健全了乡镇政权运行机制，完善了相应的监督机制，更好地发挥了村民与上级政府间的沟通作用。

（3）村党组织与村委会

依据《中国共产党章程》（以下简称《章程》）《中国共产党农村基层组织工作条例》（以下简称《农村基层组织工作条例》）《村民委员会组织法》的有关规定，农村基层党组织与村委会之间是领导与被领导的关系，这种领导指的是村委会在党组织的领导下依法开展各项活动。

村党组织和村委会的性质和功能不同，彼此相对独立。村党组织成员经由党员大会选举产生，依据《党章》和《农村基层组织工作条例》开展工作，并向党员大会负责并报告工作，接受上级党委的领导，服从上级的决定；而村委会作为村民自治组织，成员由村民直接选举产生并且不受是否党员的限制，依据《村民委员会组织法》开展工作，没有对应的上级组织，需要对村民会议负责并报告工作，同时也要接受乡镇政府的工作指导，协助贯彻政府有关政策。

村党组织和村委会职责任务不同。村委会管理本村的公共事务和公益事业，执行村民大会或者村民代表大会的决议，并且承担村民日常生活中的调解纠纷、协助维护社会治安的职责，以及做好村民与乡镇政府的民情沟通等。同时，村委会对村里重大事项须主动向党支部报告，经党组织讨论以获得党组织的支持。村党组织一方面要执行上级党委、政府的政策措施，另一方面要结合实际，研究本村经济社会发展的重大事项，对推进村民自治起到方向引领作用，做好村干部的培养和考核，以及加强村民的思想政治教育等工作。其中，村党组织对村委会的领导体现为：领导村委会开展“四个民主”为主要内容的村民自治，支持村委会依法行使权力，党员带头支持、执行村委会的决定等。

村委会“四个民主”建设实现了村级重大事务由村民代表大会商讨决定的目标。同时，其他各类村级组织也有了各自定位，并发挥参与、监督村务的作用。

5.1.3 农村基层直接民主范围得以拓展

在以村民自治为核心的农村基层民主发展的过程中，以村民选举为突破口，以村民直选为主要方式的民主选举制度越来越完善，以村民大会和村民代表会议进行民主管理和决策的政策法规先后出台，各地农村的村规民约使民主管理村庄的日常生活有了依据，村务公开、财务公开、村委会定期报告工作使民主监督走向制度化。

（1）直选参与范围不断扩大

民主选举是农村基层民主建设的首要环节和重要组成部分，也是农民表达意愿的重要方式，在一定程度上也体现着农民的政治参与能力。农村民主选举的逐渐普及，体现了农村基层民主参与的广泛性，参选者不只是村里的“秀才”或者富裕的人。根据《村委会组织法》的规定，除了依照法律被剥夺政治权利的人以外，凡年满十八周岁的村民，不分民族、种族、性别、职业、家庭出身、宗教信仰、教育程度、财产状况、居住期限，都有选举权和被选举权，也赋予了在籍不居住和不在籍但居住一年以上的公民参加选举的权利。

村民参选率大幅增长。2013 年 3 月 13 日，在十二届全国人大一次会议的记者会上，民政部副部长姜力指出，现在我们国家农村有 58.9 万个村委会，其中有 98% 以上都实行直接选举，大部分省份到目前已经开展了 8 到 9 轮的村委会换届选举，村民平均参选率超过 95% 以上。有 6 亿农民参加直接选举，这是世界上涉及人数最多的直接选举。[①]《〈国家人权行动计划（2012—2015 年）〉实施评估报告》指出，98% 以上的村委会依法实行直接选举。[②]

---

① 我国农村有 58.9 万个村委会 98% 以上都是实行直接选举 . 新华网 2013-3-13. http://news.xinhuanet.com/2013lh/2013-03/13/c_132230077.htm.

② 中华人民共和国国务院新闻办公室 . 国家人权行动计划（2012—2015 年）实施评估报告［R］. 北京：人民出版社，2016：25.

（2）直选形式丰富多样

20 世纪 90 年代以来，全国广泛开展了村级选举示范活动。

在农村基层群众自治过程中，一批年富力强、热心公益事业的农村精英分子被群众推举组成村委会，竞选村官的形式也更加多样化。

“海选”的普遍模式。“海选”最初产生于吉林省梨树县，政府在选举前不指定村民委员会委员和主任的候选人，而是由村民直接推举村民选举委员会，选民直接投票推荐初步候选人，获得初步候选人推荐票较多者成为下一届村委会领导班子的正式候选人，最后在选举大会中经村民直选产生村委会成员。海选模式保证了村民民主权利的直接行使，也保障了村民意志的真实表达。

整体提名模式。整体提名模式是指先选举产生村民委员会班子成员，同时也确定了主任和副主任的候选人，即村委会成员、主任和副主任必须在以上成员中选举产生。山东、河北两省的村民委员会选举办法都对此做了规定。

定位选举模式。定位选举模式是指以具体岗位的一些要求筛选合适候选人，即先确定村委会的具体工作岗位，由村民根据具体工作岗位的特点提名确定候选人，然后再进行投票选举的方式，优势是能够发挥特定候选人的优势和特长。最先在吉林省扶余县村委会换届选举中进行了这种定位选举模式。

组合竞选模式。由村民提名推选村委会主任候选人，然后由村委会主任候选人自行提名委员候选人，并各自形成包括主任、副主任和委员的竞选班子。村民两轮投票选举后产生村委会主任候选人、村委会主任组合班子。在选举大会上，主任候选人获得选票多者获胜，其自行组合的副主任、委员也整体性当选。1992 年以前，这种模式在辽宁省铁岭市、黑龙江省青冈县、河南省项城及新郑等地都采用过。之后安徽省等地方仍有沿用。

无候选人模式。不经过提名确定村委会成员候选人程序，即指不同于先产生候选人再选举确定人选的模式，由选民直接投票选举产生村民委员会成员。这种方式直接反映民意，农民可以完全自由地参选，但选举效率有时候不能保障。在浙江省和重庆市的村民委员会选举办法中对这种选举方式都有认可。其他一些省也有少数村庄进行了无候选人的试点。

以上几种选举模式中，普遍模式是村委会选举的基本方式，是保证村民直接选举村委会、行使民主权利的最基本方式。其余是在普遍模式的基础上，对其中的某些环节进行了变动。

(3)直接民主内容越来越丰富

农村基层民主政治建设的内容逐渐丰富。随着农村社会的改革变迁，农民的社会生活和公共需求也在发展着变化，农村基层民主政治建设的内容也根据这种发展变化而不断向村民普遍关心的问题逐渐延伸。例如，农用地征用补偿方面，根据2004年6月《中共中央办公厅、国务院办公厅关于健全和完善村务公开和民主管理制度的意见》对相关问题做的规定，农民权益得到进一步保障。涉及农民切身利益的农村土地征用补偿及分配问题、村集体债权、债务问题，在城乡一体化发展中农民的最低生活保障、医疗保障等社会保障问题，就业和教育问题，以及农业补贴、农村公共服务和公益事业等问题都已经纳入了民主决策和管理的范围，都要接受村民的监督。还有在土地承包经营权流转、林权改革比较深入的地方，农村土地的价值、农村资源的利益越来越多，因为关系到每个村民的利益，也使村民自治有了新的动力和内容。

(4)直接民主管理逐步推进

民主管理更为直接。无论是从新民主主义革命时期动员组织农民力量的需要，还是在社会主义建设与改革时期以人民群众为出发点和落脚点的要求，中国共产党领导的基层民主政治建设始终坚持一个根本思路，即首先从保障人民群众能够看得见、触摸得到的身边利益开始，根据人民群众的素质状况从能够直接参与的基层事务做起，把抽象的民主具体化为现实的行动，体现出基层民主特别是村民自治内容的直接性。因为民主是跟着利益走的，利益延伸到哪里，民主就扩展到哪里。再者中国的改革从基层开始，先有基层和地方创造了好的经验，再上升到好的政策，好的政策实行若干年后，再法律化上升为好的制度。这个过程中始终体现着执政党和政府的关注和推动，如 2013 年 4 月 23 日，农业部在广西崇左市举办部分省（自治区）农村财务公开和民主管理师资培训班。来自黑龙江省、吉林省、山东省、江苏省、福建省和广西壮族自治区等各地的 120 多名学员参加了培训。通过聆听专家们讲授的当前农村政策及经营管理热点问题、农村财务公开及集体财务管理规范化建设、农村民主管理、农村财务管理会计核算等相关内容，学员们的自我管理和服务能力得到了进一步提高。与此同时，村民自治的管理方式越来越多样化，管理呈现常态化，管理任务逐层分解，管理者与被管理者经常出现趋同或者互换的情况，这些方面的变化使村民自我管理功能逐渐增强。

5.1.4　农村基层民主实现形式愈加丰富

（1）直接选举普遍推行

第一，村委会不是由行政机关任命而是由村民直接选举产生。选举权是村民自治权中最基本的权利，民主选举是实现选举权的前提。民主选举体现在：一是普遍选举权，涵盖了最广泛的主体。《村民委员会组织法》（2018 年 12 月 29 日修正）第十三条规定的选举权使能参加选举的村民范围达到最大化；二是平等选举权，不但每人都有选举权，而且每人选举权的效力相同，即同票同权，不允许有任何特权、限制和歧视，平等也是保证选举权的重要条件；三是直接选举，包括村主任在内的所有村委会成员均由村民直选产生，任何组织或个人不得指定、委派或撤换成员；四是差额选举，候选人名额多于应选人名额；五是公开竞争，竞选人可以通过竞职演讲、治村演说等争取选票；六是秘密投票，无记名投票、公开计票和普遍设置秘密写票处等，让选举公开、透明。

第二，直接选举村民小组组长和村民代表。按《村民委员会组织法》

规定，本组村民召开村民小组会议，提名并通过无记名投票选举产生小组组长。小组长起到及时进行上情下达和反映民意的作用，若村民对小组长工作不满意可以随时撤换。为保证工作的连续性和稳定性，村民小组组长任期与本届村委会任期相同，可连选连任。通常村民按每 5 户至 15 户推选 1 人为村民代表，或者根据各地情况由村民小组确定村民代表人数和人选。

第三，规范民主选举程序。选举程序的规范是保证选举效率和选举实效的必备条件。通常要经过以下几个步骤：首先确定选举时间（包括每个环节的执行时间），成立村民委员会换届选举领导小组和村民选举委员会，并及时向村民公开，让村民知晓；广泛动员村民积极参选；确认选民资格，登记选民名单；规定候选人条件和提名方式，公示候选人名单；根据差额原则确定正式候选人；候选人公开、公平竞争；村民于秘密写票处直接投票选举；公开唱票计票，当场公布选举结果。

第四，特殊情况的选举事项。例如，对无效选举的确认、选举中贿选等违法行为的确认和追究、当村委会成员有违法犯罪或侵犯村民公共利益等情况时对其进行罢免的民主机制。这些也是体现民主选举权利的重要组成部分，是保证民主选举权得以实现的重要方式。对于选举的有效性，村民可以根据是否采取直接、差额和无记名投票的方式，参加选民数与投票数是否准确、一致，候选人产生是否合法，投票是否按法定程序，当选人得票数是否符合法律规定等提出选举无效异议。经依法认定后，或重新选举或进行局部纠正。对于违反法律规定，以威胁、贿赂方式拉拢选票、伪造选票等为自己或他人谋取竞选利益、侵害村民选举权和被选举权的，或其他破坏村委会选举的行为，村民有权举报。本村 1/5 以上村民联名并召集村民会议，可以对不称职的村委会成员进行罢免。

各地农村也探索了多种方式的选举方式。选举方式和候选人提名方式逐步多样化，“海选”村主任和通过“两票制”“两推一选”制选举村支书越来越普遍。这些选举方式扩大了基层党组织的民意基础，同时也保证了当选者的广泛性和代表性。

（2）民主决策实现自治权

尽管民主选举是村民自治中的首要环节，但民主决策是在选举后对村庄重大事务的决策方式，也是村民自治权的核心内容，对农村社会发展产生更长远的影响，具体来说就是指村民直接参与涉及本村利益重大事项的讨论并参与决策。村民会议和村民代表会议是村民自治中的最高权力机构，是最有权威的组织形式，是村民参与最广泛、最全面表达利益和要求的组织形式，是实现民主议事、依法决策的基本形式。村民会议或村民代表会议的主要职权有制定村规民约、自治组织的人事任免、决策和监督等权力。

第一，民主决策的组织载体是村民会议、村民代表会议。按照《村民委员会组织法》的规定，召开村民会议，应当由本村 18 周岁以上村民的过半数参加，或者有本村三分之二以上的户的代表参加，所作决定应当经到会人员的过半数通过。村民会议由村民委员会召集。有十分之一以上的村民提议，应当召集村民会议。

在提高决策效率上，采用村民代表会议在实践中更具有可操作性。在《村民委员会组织法》中所规定的按照法定人数召开村民大会有许多执行的困难。一是人口规模较大，难以组织。通常村人数在 1000 ~ 3000 人，更多的村达到 8000 人甚至 10000 人，如此数量的村民难以召集。二是区域分布较广，增加了集中的难度。主要指一些较落后的山区农村，这样的行政村多数由几个自然村组成，村民居住较为分散，加之交通不便，召集会议难度较大。三是每户农民生产经营时间差别较大，难以找到共同的闲暇时间。农民不但自主决定其生产经营的种类，而且也造成了各自的劳动时间和闲暇时间差别较大，召开全体村民会议的时间很难保证。四是农村青壮年劳动力的经常性流动，进一步增加了村民会议的召集和举行的难度。所以，用村民代表会议代替村民会议具有现实的可操作性，也是多数农村采取的方法，在各地的实践过程中形成了各种形式或名称不一的村民代表会议。民政部在 1990 年 9 月下发了《关于全国农村开展村民自治示范活动的通知》(民基发〔1990〕24号),根据各地农村发展的现实情况,第一次以中央部委文件的形式肯定了村民代表会议的组织载体形成。

与村民大会相比,村民代表大会从到会人数来说相对较少,而且其职权范围由村民大会决定,在重大事项上不能完全替代村民大会,但并不意味着村民代表大会不能够直接体现村民的民主权利。作为人民公社解体后具有中国特色的农村基层民主的制度安排——村民自治,不是凡事都要由村民大会进行表决,因为在实践中经常是做不到的。村民自治实际上是直接民主与间接民主的混合体,自治主体是农村村民而非政府或其他政治权威,所体现的自治是相对于国家政权机构而言的。其直接民主的特性,主要以选举权、公决权、罢免权等体现。但是,在日常生活中大量存在的各种事务是由村民选举产生的村民委员会进行管理的,而村民委员会体现的是间接民主。村民代表会议制度是农民根据农村的实际情况在实践中的创造,是发展农村基层民主、健全村民自治的有力保障,与村民自治的宗旨相一致。

第二,民主决策的原则是少数服从多数,并且依程序进行。根据《村民委员会组织法》,需提交全体村民讨论决定的涉及村民利益的事项,以及村民会议认为应当由全体村民讨论决定的其他事项,以定期和不定期会议的形式,由村委会召集和组织村民大会;十分之一以上的村民提议时应当召集村民会议;召开村民会议,应有18周岁以上村民过半数参加或者本村三分之二以上的户的代表参加,所做决定应经到会人员过半数通过。村委会的日常村务决策,要在广泛听取村民意见的基础上,按照大多数人的意愿来决定和处理村里事务,也就是说村民代表会议进行决策要按照少数服从多数的原则。近年来,一些地方采取的“村务大事村民公决”、农村“民主日”等方式都是民主决策的有益探索。

(3)民主管理实现自治权

村民参与民主管理是村民自治的重要组成部分,是村民直接对本村的经济和社会各项事务进行管理的实现民主权利的形式。

民主管理内容涉及的村务内容广泛，如村内事务、经济建设、社会秩序以及个人行为管理等。民主管理依托的自治组织最基本的就是村民会议、村民代表会议，还包括下属各专业委员会，尽管这些下属专业委员会组织在各地有不同的选择和实践，但设置的目的就是为了给农民提供涵盖社会生活各个方面的专门管理组织，让农民能够多渠道、多形式地参与民主管理。

当然，民主管理必须依据制度进行，因为法制是民主的重要保障。民主管理依据的法律除了《村民委员会组织法》等村民自治的法律规范，还包括村民自治章程和村规民约这些基本管理制度。正是这些基本管理制度使民主管理走向规范化和制度化。

（4）民主监督逐步展开

民主监督与民主选举、民主决策和民主管理有着密切关联，贯穿于自治的全过程当中，是村民通过多种方式对村委会的工作和村内事务进行的监督。

村务公开是民主监督的前提。村委会对所有村务和活动进行公开，监督范围、监督程序和监督结果公开，使村民知情知政，保证了村民的监督权。随着农村经济的发展，农民的民主意识也在逐步觉醒和提高，他们开始重视村民代表大会、村财务监督小组等在监督“两委”权力运行中的作用，特别是在征地拆迁等重大事项上，会通过各种方式参与到监督中。

村民民主监督的重点是对自治权力机构的监督。村民可以通过村民会议和村民代表会议对不称职的村委会成员进行罢免，以确保村委会真正服务于村民。这种监督包括审议村委会工作报告、对村委会成员进行评议以及对重大事项的执行进行监督等内容。一些地方还设立了村务监督委员会来保障村民的监督权。

5.1.5 村民自治推进了中国基层民主

作为中国基层民主最广泛的实践基地，农村村民自治的意义是多方面的，它从整体上建立了中国农村政治民主的社会基础。首先，从基层民主发展的广度和深度来说，村民自治制度使中国共产党领导的农村基层民主建设赋予了农村社会实实在在的民主内容。通过四个民主调动了农民的积极性，农民的民主意识和民主能力不断提高，这是农民当家作主的实现形式，激发了自下而上发展民主的动力；其次，村民自治制度符合社会主义民主发展的方向和要求。它唤醒了农民的主体意识，尊重农民群众的创造，通过民主管理的实践，既提高了村民民主参与的能力，又给予村民自治引导、支持和规范。再次，村民自治中，农民作为基层民主的主体，其参与人数之多、覆盖范围之广，都充分体现了社会主义民主的发展方向，是社会主义民主建设的突出成就。人民管理国家的制度只能通过日益扩大的自治和人民对国家权力的监督才能实现，作为自己处理自己事务的自治本质是社会参与和制约国家的一种形式。村民自治是农民实现管理国家和社会事务权利的有效形式。

村民自治不仅实现了农民当家作主，而且推进了党和国家的民主化进程。首先，村民自治中，党委会不但要发挥党组织的政治领导作用，而且基层党组织的发展也会受到村民自治的影响，这在一定程度上推进了党内民主程序的规范和党内民主的发展。例如，“两票制”和“两推一选”的选举机制，就是基层党组织建设与村民自治发展的有机结合，在支部选举中增加村民的信任票或推荐票，有利于党内民主的完善。其次，村委会选举制度逐步完善，对创新和规范县乡人大代表的选举具有示范效应，进而规范了县（市）长、乡（镇）长的选举程序。县乡两级人大选举是国家基层权力机关的选举，但是从选举方式来看同村委会一样是由全体村民直接选举产生。广大农民经过参与村委会的普遍、平等、直接选举、秘密写票等实践后，在县乡人大代表的选举中更懂得如何行使权利。

以村民自治为重要内容的农村民主政治建设促进了“三农”现代化的

发展。现代化意味着在经济上从自然经济走向商品经济、在政治上由专制转向民主法治的过程。农村基层民主的发展为中国特色农业现代化建设提供了稳定的政治基础，中国特色现代化农业也是农村民主政治的实践出发点。

5.2　农村基层民主建设存在的问题

多年来，在党中央的高度重视和地方政府的积极配合下，充分尊重和保障农民群众的民主权利，村民自治从选举、决策、管理和监督四个方面都取得了很大进步。但一些村民自治的实践效果与制度设定的目标之间还有一定的差距，还存在中央相关政策在不同地方的落实差别较大、农村基层政治权力的布局结构效果不尽如人意、四个民主环节的实践发展不均衡等诸多问题。

5.2.1　部分农村基层自治组织职权不明晰

日益推进的城市化和现代化给农村社会带来了许多新变化，当前的农村社会管理方式已经不能满足农村的治理需求，农民要求平等参与发展进程、共享改革开放成果的呼声愈加强烈，希望参与农村公共事务管理与决策的意愿不断加强。但部分地区农村民主治理的各主体之间的职权界限不明晰导致农民的政治参与效能不高。

在农村村民自治制度的建立和发展过程中，以往的乡村关系也逐渐发生了重大变化，也就是在国家政权与基层社会之间，不再是过去单一的政府行政管理与被管理的关系，而是转化为涉及乡镇政府、基层党组织和基层自治组织等主体的多重关系并存。其中主要包括三个方面：一是乡镇党委与村党组织之间领导与被领导的关系，这是党组织上下级之间关系在农村的体现；二是乡镇政府与村委会的关系，这是乡村关系拓展的新领域，体现的是以村民自治为原则的在村民自治事务范围内的行政机构与村民自治组织之间指导与被指导的关系；三是各乡镇党政机关与村委会等村级自治组织之间的关系，这是贯彻执行党的方针政策、国家法律、政府公共政策等过程中的行政管理与被管理的关系。以上乡村三重关系是一个有机的整体，以其中任何一个关系、一个原则来否定其他两个关系、两个原则，都会造成乡村关系的失调。①

（1）村民自治“附属行政化”或过度“自治化”问题

村民自治离不开党的领导和政府大力支持。乡镇政府组织和领导村民自治，但过度干预或者放任都不利于村民自治的良性发展。

村委会“附属行政化”，是指村委会的自治功能被弱化，村民自治在相当程度上处于仅有存在形式而无实质内容。乡镇政府对村委会的行政干预体现在这样几个方面：一是在村委会选举过程中，乡镇政府鼓励中意的村民报名候选人，辅之以有针对性的宣传工作，在选举的关键环节对参与投票的村民进行渗透或施加影响，容易使他们顺利当选为村委班子成员。二是村账镇管，以财政权实现对村委会的控制。主要形式有：村里的资金、账目上交并由乡镇的经管站和信用社管理，村委会的资金支出项目经预算后必须报乡镇经管站审核批准等程序，也就是村委会不能直接决定项目预算；或者资金的使用权、管理权、审批权分开，乡镇政府有资金审批权、乡镇经管站仅有管理权但没有审批权、村里有使用权但没有管理权也不能存钱；或者乡镇将各村的会计人员集中在乡镇办公，使村里的会计工作完全处在乡镇的监控之下，掌控会计工作也就管住了村的资金和财产。在实际生活中，还有许多村账镇管的形式，但不管是哪种形式乡镇政府强行插手村务、干预村民自治，都与村民自治的精神背道

---

① 郭正林．论乡村三重关系［J］．北京：北京行政学院学报，2002（4）．

而驰。当然，农村村委会直选后，随着村民的自主意识不断增强，乡镇政府以行政权力强行控制村级事务也会越来越困难，甚至会遭到村民的抵制。但是，虽然没有了直接命令随意干涉村级事务来直接控制村委会，还有通过村党组织间接继续控制和支配村委会的问题，实质上乡村的行政化关系没有实质改变。

村委会“过度自治化”，是与村民自治“附属行政化”相对的另一个极端，指的是在村庄事务管理中，村委会以自治为由，任意行为，企图摆脱党的领导，在形式上是党组织领导村委会，实则是被领导。这种情况多是村委会及班子成员在当地有一定实力，在村民中威信较高、影响力较大。而村党组织及班子成员则缺少这样的影响力和号召力，处于弱势，也谈不上村委会的领导。

“两委”各自为政。除了以上两种极端情况外，还有一种情况就是有些地方村委会和村党组织班子分别由两派人员把持，各自强调自己的权力，不尊重、甚至不承认另一方的权力。对一些村务事项各行一套，互不相让，致使各自的职能都不能有效发挥。“两委”的不协调的状况有时演变至激烈的冲突，甚至两败俱伤，影响了农村的经济社会发展和农村秩序的稳定。

（2）一些地方村党组织与村委会关系不顺畅

一些地方村党组织对村级事务大包大揽，这是“两委”关系处理不当的主要表现。在相当一部分农村，村委会成为村党组织掌控村里大小事务的工具，尽管通过村委会但实际上都是由党支部书记做主，而村委会独立自主的空间很小，也难以依法履行其职责。村党组织有上级党委和政府的支持，以及以往多年形成的政治权威，对村里各项事务能够比较容易地掌控，使得村委会很难真正深入到村里事务的具体管理当中。也有一些村党组织书记及班子成员，没有认识到村民自治的内涵和要求，不懂尊重村委会的权力地位，无限扩大党的领导，甚至党支部包办了村委会职责范围的工作，若村委会不听从党组织的安排就认为是不把党组织放在眼里，不但不支持村委会工作，反而处处为难或设置障碍。

与此同时，基层党组织领导权威也面临许多新的挑战。一些地方农村党员年龄老化、文化程度不高，使基层党组织难以有效履行时代赋予的新功能。在基层党组织贯彻上级党组织的意图与农民的愿望不重合的情况下，有时候会失去部分村民的支持。再有村民自治组织的领导人以民选的形式产生，其民意基础更广泛，因此，也存在部分村委会领导人忽视甚至对抗党组织领导的情况。

所以，基层党组织要体现党的领导的总原则，落实党的路线、方针和政策，发挥党员的模范带头作用，引导并监督基层政权机构和自治组织的工作，创新行使领导权的方式和程序，依照宪法和法律支持和保障村民自治活动，以扩大党的领导的群众基础和民意基础。

5.2.2 农村基层民主法制不完善

村民自治法律救济制度不完善。村民自治是农村基层民主建设的基本形式和重点，不仅涉及亿万农民，其实施过程中也涉及农村基层社会的权力机关、行政机构、党组织以及各类社会组织等，需要处理的关系也比较复杂。虽然《宪法》和《村民委员会组织法》使村民自治有了最重要的法律依据，还有《中共中央办公厅、国务院办公厅关于进一步做好村民委员会换届选举工作的通知》等有关政策的指导，也规定了一些救济方式和渠道，但大多比较模糊难以落实，在实践中发现有许多不完善的地方。

村民个体及村集体的自治权受到损害的原因之一就是有关村民自治的村委会、乡镇政府、村党组织之间的各种权力（利）界限不明晰，如村委会与乡镇政府的关系中，《村委会组织法》第五条规定："乡、民族乡、镇的人民政府对村民委员会的工作给予指导、支持和帮助，但是不得干预依法属于村民自治范围内的事项。村民委员会协助乡、民族乡、镇的人民政府开展工作。"这条规定较为笼统，其中缺乏对村民自治范围的具体限定，特别是村委会需要在哪些方面协助乡镇政府都不明确。在村党组织与村民自治的关系中,《村委会组织法》要求农村基层党组织“发挥领导核心作用，领导和支持村民委员会行使职权；依照宪法和法律，支持和保障村民开展自治活动、直接行使民主权利”，但村党组织以何种方式来领导村民自治、遵循什么原则、必须接受领导与“自治”的范围等都没有具体的规定。在实际操作中，各自权力（利）的界限模糊，加上行使职权原则过于简单，难以准确把握，所以村民自治权受到限制甚至是损害，却难以找到具体依据。

村民自治权救济主体不明确。现有法律对村民自治权受到侵犯的一些救济的措施有所规定，但普遍存在着施救责任主体不明确导致救济无法实现的情况，如《村民委员会组织法》规定，本村五分之一以上有选举权的村民或者三分之一的村民代表联名可以提出罢免村民委员会成员。这是村民行使罢免权和监督权的重要方面。但是，由哪个机构接受村民罢免村委会成员的要求以及如何组织村民大会票决都没有规定，这种监督难以落实。再如，依据《村民委员会组织法》第二十七条规定，村民会议制定或修改村民自治章程、村规民约以及村民会议或村民代表会议的决定侵犯村民人身权利、民主权利、财产权利的，由乡镇人民政府责令改正。村民会议或村民代表会议作为一级权力机构，其不当行为应由上一级权力机构进行纠正更合适，如果由行政机关来处理极易造成乡镇政府对村民自治的行政干涉。

救济途径有待完善。目前，村民自治已经成为农村基层社会的一种生活方式，而许多侵权行为都会影响村民自治的实施，为此法律规定了罢免、民主评议、民事诉讼等司法救济措施。但在村集体自治权受到侵害时，仅村委会具备提起诉讼的资格，而当村委会不作为时村民个人则没有资格提起诉讼。这种限定实际上削弱了农民的监督力量，从长远看也不利于培养农民的公共意识和社会责任感。此外，在公权力对村集体自治权的维护方面也差强人意。2012 年 8 月在关于修改《中华人民共和国民事诉讼法》的决定中建立了公益诉讼制度，对环境污染、侵害众多消费者合法权益等损害社会公共利益的行为都可以进行公益诉讼，但是没有把侵害村集体共同利益纳入其中。除了村委会以外，农民难以找到其他能够为村集体自治权进行诉讼的主体，这也是村民自治救济乏力的重要原因。

除此以外，村民自治救济措施的程序规定不明也造成很多操作上的困难。比如熟人社会状态下，评议、弹劾的形式、程序没有具体规定，使监督不能发挥应有的作用。再如，由政府纠错的，村民如何提出纠错要求、按照什么样的纠错程序、限时处理期限等，都使救济措施的效果大打折扣。

5.2.3 农村基层民主参与不广泛

作为村民自治主体的农民，参与村民自治是实现民主的首要步骤。把农民参与的积极性调动起来，使农民充分意识到其行使民主权利是维护和实现自己利益的有效方式，也能在维护公共权益中保障自身的利益；而民主意识的觉醒和提高是农民走向更高层次的政治参与的起点。尽管村委会选举的参选率已经很高，但如果考虑到一些因素的影响和参选效率，目前农民的参与意识、参与程度、参与水平还需进一步提高。

对待私利与公益差别较大。大多数农民在涉及切身利益的问题上锱铢必较，甚至不顾及其他人的利益，但对公共事务则漠不关心，认为得不到直接现实的利益，所以不愿意参与，整体参与度偏低。即使相对优秀的村民代表，本应当比普通村民有更多的主动性与积极性，但经常不能够体现出这种差别。而且他们平时与村民联系较少，在村民代表会议上盲目服从“两委”决定，不能对村务工作进行理性思考，缺少进行决策的知识和能力，更少提出意见，使民主决策与民主监督形同虚设。加上乡镇政府和村“两委”班子也存在消极对待农村基层民主建设，平时也很少投入精力培养村民民主意识，特别是当村“两委”负责人认为发展民主会损害自己的权力和利益时，就压制农民的民主意识，极力阻挠村民自治。

在民主监督方面存在不敢监督、不想监督、不会监督也不愿监督的问题。民主监督贯穿村民自治过程并保障村民权益不受侵犯。由于主体意识、责任意识的缺失，使很多村民不能主动监督。有些村民认为个体监督力量微弱，说了也是白说，还不如不说。有些村民对如何行使监督权利缺乏必要的认识。在农村基层民主实践中，村民监督是薄弱环节，村民的监督主体地位得不到充分体现，其监督制约权力的能力较弱是重要原因。

除了农民自身的原因外，许多客观因素也制约了农民的参与程度。因为有宗族、民族关系的影响而使人情关系更为复杂，这种关系对村民代表会议和村务、财务公开制有很大影响，并使其难以发挥应有的作用。村民代表"代表谁"也受到质疑，因为许多时候代表的能力和觉悟没有达到村民的预期要求。两个公开因为涉及村干部甚至乡镇政府，也经常流于形式，或者避重就轻，不能让村民真正知晓。这就导致许多村民仍然无法有效参与村务民主决策与管理。随着农村人口流动和人口结构的变化，还有一些特殊的群体的参与更被边缘化，如进城农民工、留守妇女、老人等由于空间的阻隔又缺少灵活的参与方式，或者由于能力所限也被剥离于基层民主外，所以经常会发生在涉及他们利益问题上的"被民主决策""被民主管理"，也谈不上真正意义上的民主参与。

5.2.4　农村基层民主发展不平衡

（1）地区间发展不平衡

彭真曾经指出："办好村民委员会，实行村民自治，我们的社会主义民主进程就会加快，政府工作的很多困难会减少。"[①] 这就指明了实行村民自治的目的就是为了发展农民民主政治。《村民委员会组织法》中，自治精神通过村民委员会实现自我管理、自我教育、自我服务体现出来，民主精神则通过民主选举、民主决策、民主管理、民主监督具体体现出来。[②] 以村民自治推进农村基层民主建设，作为一种制度设计和安排，受到农村

① 彭真文选（一九四一——一九九〇年）［M］. 北京：人民出版社，1991：610.

② 黄涌群 . 农村民主自治发展研究［M］. 广州：暨南大学出版社，2008：45.

社会发展状况的制约，在不同地区的发展不平衡，民主选举较强，其他三个民主较弱，“四个民主”的发展也不平衡。

中国的乡村经济发展极不平衡，一些东部发达地区农村的经济社会结构发生了较大变化，已经不同于以往传统的农村村庄。这些地方的村民对民主政治有着很强烈的需求，民主意识也比较高，而且对更高一级的乡政府领导人的选举表现出强烈的政治关注。许多村民自治的创新形式也往往首先出现这些地方。而在大部分落后的农村地区，社会经济比较封闭，当地集体经济基础很薄弱，有的村甚至负债沉重，发展面临很多困难，村民对民主政治没有强烈需求，而且许多人不愿意参加组织生活，不愿意承担社会责任，也不积极参加村委会的选举和公共事务管理，甚至对村民自治毫不关心。因为农民对生存的关注，远远高于对民主的关注，他们没有足够的精力去关心政治，也没有足够的资源了解政治信息，更很少意识到自己的权利和义务主体的地位。这些农村地区的民主选举容易受到上级政府的干预，民主选举制度形同虚设，其中某些村也能组织民主选举活动并选出好的领导人，但这样的民主其实只是期待领导人的个人素质如何，真正的村民自治进展缓慢。

（2）“四个民主”发展不平衡

仅有民主选举是不能完全体现民主精神的，民主没有完整体现当然自治也很难达到比较高的水平。然而很多时候这种民主实践只是重选举而轻管理，甚至简化成了民主选举，“四个民主”发展的不平衡性问题比较突出。村民自治实施多年来，农民的民主选举意识和参选率日益提高，民主选举形式不断创新，相关的法规日趋完善；选举后农民继续参与民主决策、民主管理有了基本的平台，政治参与的机会日益增多，参与村务的主动性和参与能力得到了提高。但是后三个民主建设方面还相对比较薄弱，即使在民主选举中，也随着社会生活的变化出现了许多亟待解决的问题。

民主选举相对于其他三个民主而言制度最完备，发展也最快，后三个民主发展缓慢。因为随着家庭联产承包责任制的普遍推行，农民的个体意识逐渐增强，在农村社会管理机制变化的过程中村级组织的凝聚力和战斗力却在下降，迫切需要通过民主选举组成农民的自治组织来进行村务管理，相应的民主选举规定也比较完整。但在民主选举中也存在一些不足。

党委和政府对村委会选举的不当干预，使村委会缺乏民意基础甚至滋生腐败，影响了村民自治的公信力。还有个别地方宗族、家族势力干扰选举，贿选、扰乱选举秩序等违法违规现象，都在一定程度上影响了民主选举的公平性。

村民自治不仅体现在村民民主选举村委会，而且还包括在选举之后日常琐碎复杂的村务管理工作。在村民自治中，村民长期突出了民主选举，而对后三个民主从制度规范到工作布局，再到用什么样的方法、步骤去体现决策、管理和监督的民主精神，多为一些原则性的规定，具体操作性不强。在“四个民主”中后三个民主的参与明显不足，表现为村务公开的制度化程度低，可操作性和实践性差，再加上基层政府对村务公开的重视度不够，使村务公开流于形式，村级财务混乱，集体资产流失，村民利益受损。

在实践中，民主选举后的问题比较多，如选举之后多数的村民就很少再参与村务的决策和管理，更谈不上去监督的问题，村干部当选后就不再关注农民的利益，以及“穿新鞋走老路”的现象，村民自治流于形式，这些都被群众称为“半拉子”民主，村民自治变成了村委会几个人甚至村委会主任一个人说了算的“专制”，民主决策、民主管理根本落实不了。

村民对重大村务决策的直接参与有限，甚至没有足够的了解，参与程度未达到法律和制度规定的要求。从《村民委员会组织法》等相关法律制度规定来看，村民委员会、村党组织、村委会和村支委会的““两委”联席会议”、村民代表大会和村民大会都可以是村务的决策机构，但他们的决策范围和效力不同。其中，村民会议是全村的最高决策机构。但是现实中因各种情况村民会议召开频次很少甚至不召开，而有些村即使有村民代表会议，因每年只有两三次的决策活动，其决策功能也很有限，实际作用不大。所以从实际情况看，重大事项的最高决策权真正由村民代表会议或村民大会掌握的并不多见。部分村庄“两委”联席会议或村委会是最高决策机构，然而相对更多的地方是村党组织为最高决策机构，村委会则是执行机构。有的村代表选举就限定在党员的范围，以党员为村民的“代表”，有的村民主决策实际上只有村民小组长、自然村长作为村民的特殊“代表”参与。对于广大普通村民而言，直接参与的机会并不多，而且即使参与很多时候也是象征性的，很难对决策有实质的影响。

不同岗位上的权利和义务的不明确导致村务管理混乱并带来了村干部腐败问题。村干部当选后不兑现承诺甚至以权谋私，部分村务、财务公开不能反映真实情况，只是应付上级检查。村民代表大会流于形式，民主程度不高。启动村民会议罢免程序困难重重，成功率很低，民主监督形同虚设。有农民总结为“村民自治是假民主真麻烦”。直到 1999 年，才在黑龙江省哈尔滨市郊的集乐村发生中国农村第一起由村民罢免村官的案例。① 在村民自治实施十多年的实践中，在热闹的民主选举之后，村民在民主决策、民主管理方面的参与非常有限，甚至基本上处于虚置状态，难以取得实质性进展，这与民主决策、民主管理和民主监督的制度化、法律化和规范化程度相对薄弱有密切关系。2004 年 6 月，中央办公厅和国务院办公厅下发了《关于健全和完善村务公开和民主管理制度的意见》，为深入开展民主管理、民主决策及加强民主监督提供了政策指导，推进了后“三个民主”的发展。

在民主监督方面，尽管设置了多种的监督与被监督的关系，力求实现自治与制约的平衡，理论上村委会、村党组织、村民代表会议和村民大会之间都可相互监督和相互制约，但实际上，对村级权力最有效的监督仍是上级政府的约束，其他监督因在实施过程中仍缺少具体的操作依据，如明确监督责任主体、监督内容、监督的方式、监督结果的运用等，实效性不强。

① 李昌平，赵岩. 首例村民罢免村官的故事［J］. 炎黄春秋，2003（4）.

5.3　农村基层民主发展不充分的制约因素

5.3.1　农村综合环境制约了农村基层民主的发展

政治生活不是一种独立的社会存在，从社会与政治相互关系来看，社会条件在相当程度上影响和限制着政治过程。其中既有经济因素的作用，也有文化和历史传统的影响，还包括制度设计的科学性和效率性、社会整体的法治水平、社会治理机制的创新和完善等，都与民主的发展水平有密切关系。

（1）经济落后制约了村民的民主参与

民主政治的发展与经济状况有着密切关系，经济发展为民主政治发展提供必要的物质基础和保障。总体而言，当经济发展达到一定水平，物质生活得到提高之后，人们才会关注更高层次的需要，没有经济层面需求的满足，其他层面的需求也无从谈起。

根据《村民委员会组织法》及各省市区《实施细则》对于村委会选举经费来源及支出的相关规定，中央不统一拨付村委会的选举经费，地方政府负责有关财政支出。因各地财政和经济发展状况不同，所以选举经费保障程度也不同。对经济较落后地区来说遇到的困难就更大，村委会选举经费保障不足的情况较为普遍，只能由村委会自行解决，而村委会的自行解决多数情况下只能转嫁到农民身上。对农民来说，参与村委会选举劳神费力还得承担经济上的支出。中国社科院房宁教授也指出："一次全国性的村民委员会选举，需要投入干部大致 130 万至 170 万人，需要培训管理人员至少 600 万人，有时甚至达到 1200 万人以上。按照每位选民平均 0．5 元的标准，由政府财政支出的选举经费至少要 3 亿元，加上各村为选举支出的管理经费，选举管理经费总额应接近 10 亿元。这个统计数据没有包括候选人及其支持者支付的竞选经费。随着经济发展和农民权利意识的增强，村委会选举所花费的竞选费用也大有上升之势。”[①] 这种情况一直到现在仍然存在。对于越来越理性化的农民来说，难以对较高的经济成本和相应的费用支出的民主选举保持热情和信心，甚至产生心理抵触。

农村中大部分青壮年农民长年在外务工，他们要参与相关活动付出的成本越来越多。除了经济成本（误工损失等金钱成本）和时间成本这些阶段性的损失以外，由于许多工作连续性的要求，不少人会因为要暂时离开而对工作产生不利影响。同时，又由于多数时间处于离土离乡的状况，对本村（本地）公共事务知之甚少，更难以对村里各项事务进行民主监督。对他们来说，同样是生计问题高于民主参与。在这种情况下，农民主要关心的是如何增加经济收入，对民主政治建设没有太大的兴趣。特别是政治生活中不是每次民主选举、民主监督的参与都像经济活动那样可以直接提供回报和利益满足。

不同权利行使的不同特点和条件等原因使落实后三个民主是村民自治落实的弱点，与完善村委会选举相比更加困难。一是因为后三个民主需要各方面的投入较多。因为村委会选举是阶段性工作，往往是在换届选举时工作量较大，而民主管理和决策特别是民主监督是持续性的工作，涉及事务更繁杂，乡镇政府对其指导和监管需要更多的人力、物力和财力的投入。二是有关机构对农民权益的保障缺乏完整的认识。某些地方政府尤其是基层政府的服务意识尚未形成，以为有了村委会选举就是农民实现民主权利了，没有把保障农民决策、管理、监督等权利作为经常工作来抓。三是农民进行民主管理的组织依托和途径不充分。因为村民参与是民主管理的重点，村干部的行为是民主监督的重点，但鉴于村干部与村民在社会资源上的差距，村民真正实现监督需要组织的力量和村民的合力才能使监督有效，村民个体难以做到。

① 房宁. 民主政治十论［M］. 北京：中国社会科学出版社，2007：92.

（2）消极传统文化制约了农民的民主参与

历史传统文化对民众的政治参与有较大影响。美国政治学家阿尔蒙德指出："政治文化是一个民族在特定时期流行的一套政治态度、信仰和感情。这个政治文化是本民族的历史和现在的社会、经济、政治活动所形成"[①]。中国传统政治文化思想中强调"君君臣臣""父父子子"，农民的"臣民""顺民"观念根深蒂固，村民的依附心理很严重，缺乏自主意识和民主意识，制约了农民参与民主的自觉性。总体上来说，以血缘为依据的人伦思想使农民不积极参与自治组织，农民容易满足现有生活，这种薄弱的公民意识使得农民对于领导自己的上级习惯于接受和忍受，缺少自主意识和表达欲望，满足于保障基本民生，对现实生活要求较低，不常关注自己的民主权利是否被侵犯，甚至即使发现自己的权利被侵犯也不主动为自己争取，所以农民的自我管理、自我教育、自我服务在实践中仍不尽人意，影响了农民参与基层民主建设的广度与深度。

农民文化素质较低的状况也影响民主意识和民主能力的提高。农村人口中文盲、半文盲和小学文化程度还占相当大的比重，使农民不能真正理解民主的含义和民主参与的意义，在行使民主选举权利时也不能发表意见，不会参与讨论与提出建议，也就不能充分行使自己的民主权利。不同于那些有一定文化程度、意识相对超前的进城农民，长期留守在农村的农民往往缺少知识、缺少新理念新信息，沿袭日出而作日落而息的传统农业生活生产方式，没有意识和潜力建设社会主义新农村，他们的民主知识和意识几乎让位于对温饱的思考。

（3）弱组织化降低了农民政治参与的效能

改革开放以来，农村家庭联产承包责任制的推行激发了农民的个体独立性，调动农民的个体积极性以后农村经济往往以个体利益的形式出现，

① ［美］阿尔蒙德，鲍威尔. 比较政治学［M］. 上海：上海译文出版社，1987：29.

缺乏公共利益、集体利益，使得与公共利益联系密切的公共政治权利在社会生活中体现不多，农民对公共组织没有参与热情。特别是社会主义市场经济体制的建立和完善，农民生产劳动的自主化程度进一步增强，加剧了利益驱动其他生产活动的倾向。农村基层民主建设不是依靠农民个人能完成的，但却需要每个农民的参与。在分散经营的体制下，容易导致农民公共政治民主意识淡薄。集体利益的淡化使农民认为“参加选举不如下田种地”“谁当选与自己都无关”“参与政治生活无利可图”，所以不会认真对待。在有的地方，农村选举受到外部的压力的影响，本着多一事不如少一事的想法，农民会把票投给自己害怕的人以保证全家老少平安；或者按照上级的要求“随大流”地被动参与等。之所以会出现这样低质量的政治参与，与农民以个体身份参与力量微弱有密切关系。

如果农村的社会基础组织建设乏力，农民缺少组织化的社会参与，宗族中的恶势力就可能逐步蚕食、控制农村基层政权组织，架空农村自治组织，进而演化成为地方恶势力，直接威胁到基层组织的权威。这些势力往往左右着村民自治组织，操控民主选举、民主管理，时间越久势力越顽固，向上能对乡县政府施加影响，向下能制服民众，农民个体难以与之抗衡。

农民的联系仍以血缘和地缘为主，经常性的经济联系和经济组织不多，其他方面就更少，体现在政治生活中就是农民往往只能以个体的身份进行参与，而缺少农民组织的参与。不同于工会、妇女联合组织、共青团等社会群体组织，农民这个最大的社会群体没有自己的专门组织。以个体或者小团体的政治参与，其目标诉求不明晰，注定其利益表达很难取得理想效果，而且在其民主权利被侵犯时也难以得到及时有效的补救。

历经四十年的发展，我国农村社会组织发展和建设取得了一定的进展，但还不能满足农村社会发展的需求。法律对社会组织的规定不完善、社会组织规模小、社会组织活动质量差、组织建设和行为规范程度低、社会组织资源缺乏等问题都使社会组织没有发挥其应有的功能。其中，自治型社会组织不但数量少，而且其社会组织的功能也不能充分体现。在农村改革中，减少了行政村的数量，但村庄的规模有所扩大，这更难以有效管理，同时也更难以把农民纳入组织中。在相关的社会组织发展政策中主要的是针对新发展的社会组织的规定，传统型社会组织并未列入其中，这就制约了农村的传统型组织的资源和功能的拓展，使其不能充分发挥服务农村社会发展和农村基层民主建设的功能。此外，由于农村人口流动频繁使社会组织成员经常处于不稳定状态，也就难以有效开展活动，包括共青团、妇联等组织，即使沿海经济较发达地区有了农民工工会组织，但其活动范围和影响也很有限。所以没有组织化的政治参与导致农民的民主参与目标很难实现，从而降低了农民的政治参与热情。

5.3.2　民主形式不健全制约了农村基层民主的发展

民主是内容与形式的统一。民主选举是村民自治的主要标志和重要内容，但村民自治乃至整个农村基层民主的发展，选举民主只是一种民主形式，而农民“四个民主”权利的实现，还需要广泛参与、常态化参与、有效率参与的方式才能够真正实现。目前存在的民主决策、民主管理、民主监督乏力的状况，其原因之一就是后三个民主缺乏能够落实的实现形式。

(1) 选举民主不能满足农村基层民主建设的需要

村委会的直接民主选举及村党组织书记“两票制”选举基本上实现了以民主的方式产生“当家人”，这是 1998 年《村委会组织法》修订后村民自治取得的重要成果。随着选举制度逐步走向法治化、规范化，许多地方还探索了多种多样的选举形式，但仍然存在着程序不完善、贿选、家族干预和暴力威胁选举等现象。所以民主选举虽然是保障村民意志得以实现的重要形式，但它不会必然保证选举产生的组织具备应有的权威性，也不会必然保证在选举后该组织能够代表和自觉实现村民利益。真正实现村民自治，还需要民主选举后村委会实现村民的利益诉求，在民主决策、民主管理等过程中村民的广泛有效的参与，通过健全的民主监督以确保村民利益不受损失。正是由于在这三个方面民主权利的渠道不够畅通、形式单一、农民的民主权利不能得到充分的尊重与保障，因而农民不愿投入到无谓的“形式民主”中。当农民不得已必须进行利益表达的时候又经常采取越级上访等方式，这种非制度化的参与方式往往不得而终，失败的政治参与又挫伤了农民的参与积极性，形成恶性循环。

显然，在这些过程中，仅仅靠少数服从多数的选举显然不能满足民主实践的要求。在日常的民主参与中更需要能够维护和体现多方利益的决策方式，而协商机制的欠缺限制了村民的参与机会和参与渠道，使民主管理和决策难以落实。农村选举有着内在的公平的目标，实现公正需要各个阶层经过妥协和协商实现正义观的共识；掌握着资源分配权的乡村干部需要接受农民的监督和制约，涉及农民利益的重大事项必须有村民的参与，在与村民的协商中形成决策；需要把形式化的民主监督转变为实质性的民主监督，避免专断专行。

（2）票决制不能保证民主决策的科学合理

对于广大村民来说，在民主选举村委会之后，能否参与到村务决策中或者对村务决策产生影响，也是衡量其民主权利实现程度的重要内容。村民会议作为民主决策机构，是村民行使民主权利的组织形式，有鲜明的直接民主特点，但实际上能够真正发挥作用的村民会议并不普遍，大多数村庄的村民代表会议成为替代村民会议的组织形式。“仅有16.8%的被调查者认为村民代表会议决定村民利益有关的大事，大部分认为村党组织和村委会在村务决策中发挥着决定性作用”，[①] 村民代表会议的决策功能难以实现。因为讨论的问题涉及诸多方面，往往是在协调和平衡各方面矛盾和利益中进行决策，依靠多数决定不能产生公正、平等、合理的决策。所以不同于民主选举的票决形式，对于涉及村民利益的重大事务的决策，应该让每个村

① 季丽新，王培杰．农村民主治理：困境与出路——20个省级行政区的68个村庄调查［J］．中国行政管理，2013（2）．

民拥有平等的机会，根据自己的情况表达自己的利益诉求。村民需要在彼此互动中进行判断、表达观点，通过说服而不是强制和控制，每种声音都应得到足够的尊重，逐渐减少分歧达成共识，共识决比多数决更能体现民主精神。

(3) 民主管理形式不适应农村社会结构的变化

民主管理是村民自治的重要环节。大部分农村已经制定了民主管理制度，但其章程由于缺少全体村民的同意在合法性方面是有瑕疵的，最重要的是即使有章程也仅停留在纸面上，实际效果并不理想。落实村民民主管理权利需要因地制宜不断创新、丰富管理形式。例如，涉及全体村民利益的重大事项的一事一议、经常性的村务公开与村民点题公开等都是落实民主管理的有益尝试。但随着农村人口向城镇和非农产业转移，农村人户分离的状况愈加突出，村级事务逐渐减少；同时伴随着农地流转的发展，还要面对外来人口与本地村民在经济、政治权益等如何界定的问题，虽然新的《村民委员会组织法》允许外来人员经过村民代表会议通过可以参加居住地村委会选举，但事实上他们很难有效参与居住地的民主管理事务。这种情况下以往的民主管理形式难以发挥作用，就需要在遵循基本原则的基础上创新民主管理形式。

(4) 民主监督未能广泛调动农民的积极性

公开是监督的前提。村民代表会议制度和村务财务公开制度近年来在农村逐步建立，但是许多地方民主理财小组没有建立，即使有也流于形式。普遍存在村务公开的随意性、形式化现象。由于村民代表的数量相对较少并且代表与村民联系不够紧密，以及村务财务公开的不全面甚至不真实，对于大多数村民不可能真正了解本村实际的村务财务状况，也不能直接参与甚至不知晓重大村务的决策和管理工作，也就不可能进行监督。在一定程度上制约了农民参与民主政治生活的积极性。

在村民、村户和村民会议、村民代表会议之间需要上下衔接的组织形式让村民能够有效参与民主，如议题、预案、决议、执行、报告、评议等程序，村民参与到与自己利益密切相关的村务决策中来，保障了决策的科学化、规范化和民主化，实现了民主决策，在相当程度上保证了民主管理和监督。又如，村民小组委员会、联户代表会等能够较好地实现直接民主与间接民主的有效结合，选举民主与协商民主的相互补充。

5.3.3 民主制度体系不完善制约了农村基层民主的发展

目前《村民委员会组织法》等有关农村基层民主建设和村民自治的法律法规多为一些粗略的规定，其明确性、具体性和操作性不强，其中的模糊地带和制度空隙是农村基层民主建设遇到问题的重要原因。

(1)“两委”职能关系不明晰限制了村民自治的发展空间

“两委”关系法律定位不明晰造成“两委”关系不协调。村委是村民的自治组织，党委是党的基层组织，由不同的法律制度界定其职权范围。《村民委员会组织法》规定，“村民委员会办理本村的公共事务和公益事业，调解纠纷，协助维护治安，向人民政府反映村民的意见、要求和提出建议”，对村委会的自治职能做了规定。《中国共产党农村基层组织工作条例》(以下简称《条例》)第九条第二款，“村党组织讨论决定本村经济建设和社会发展中的重要问题，需由村民委员会、村民会议或集体经济组织决定的事情，由村民委员会、村民会议和集体经济组织依照法律和有关规定作出决定”，对党支部指导村民自治的职能也做了规定。不同于《村民委员会组织法》中的村民自治村务范围的笼统规定，在《条例》中把本村“经济建设和社会发展中的重要问题”做了例外的规定，即需要“由村民委员会、村民会议或集体经济组织决定的事情”。但是，对重要问题没有判断的标准和范围，而必须由村委会、村民会议和集体经济组织来决定的事务与其他事务的界限也没有限定。相关法律制度的不具体性导致村委会与村党组织职责范围界限不统一、不明确，而且随着农村改革的进一步发展出现了许多新生事物，“两委”因争夺管理权都避重就轻、意见不一致等导致冲突难以避免。

权力授权来源不同，职能对接不畅。村党组织是自上而下的授权产生的，是源于执政党的法律地位和上级党委授权代表执政党在基层执政的组织。村党组织比村委会的历史要长久，社会影响也非常广泛，农民接受党的领导也是一种历史习惯的延续。村委会是村民依据《村委会组织法》民主选举产生的，受村民的信任和委托，是村民民主权利的代表执行者，是获得村民认同的、代表村民利益的自治机构，是从村民中自下而上生成的行使自治权的自治机构。

在乡政村治的情况下，村委会不是乡镇政府的部门或者下级机构，二者没有行政隶属关系，党对农村的领导更多地需要农村党组织来进行。所以，村党组织不仅监督村委会，同时还要发挥领导核心的作用，这也是许多地方村委会主任和村党组织书记双肩挑的原因。但这种实际上党政不分的情况在实践中也会产生矛盾和冲突。原因就是虽然村委会和村党组织二者的权力空间范围相同，服务对象和目标也相同，但权力来源不同，使得自上而下的外力推动民主与自下而上的自我成长民主不能实现完全对接，降低了二者的合力效应。

（2）民主保障制度不完善

基层民主制度不完善降低了村民的政治参与效能。由于相关法律规定村民自治不够具体明确，使得村委会等自治组织受到乡镇政府和村党组织的干预，“四个民主”不能彻底落实。同时，村委会等自治组织在一些村民看来仍是乡镇政府行政权力的延伸，只是执行乡镇政府的决议，因此村民对其信任度不高。

选举参与机制不完善。在实际生活中，农村经济的发展很多时候是“精英”带领村民致富，但同时他们也会利用经济上的实力寻求政治上的满足，甚至操纵选举，从而阻碍了普通农民行使民主权利。对破坏农村基层民主行为缺乏严格的惩处。贿选现象使民主选举违背了民意，也违背了法律，从《宪法》到《村民委员会组织法》，以及《刑法》都对贿选等违法行为进行了规定，但是缺乏具体的制度和规范的程序，因而缺少可操作性，造成难以界定违法行为、难以对违法行为取证、也没有办法进行处罚。而且对于违法者来说，没有足够的法律威慑。因为即使被认定了行为违法，所承担的最严厉的结果也就是取消候选人的参选资格，没有经济、刑事责任，违法成本低，也使得贿选之风屡禁不止，甚至在某些地方村民对贿选竟习以为常了。

第6章

加快农村基层民主建设的发展路径

农村基层民主建设是一项长期的系统工程，需要在法治的轨道上逐步推进，涉及的问题和难点很多。其中，村党组织与以村民自治为主要内容的村委会之间的基层党群关系、乡政府与村委会之间的基层政府管理与群众自治的关系、社会组织与政府的关系等，是从整体上推进农村基层民主建设需要处理好的关系；遏制贿选和宗族势力的影响，增强农民的民主与法治意识，是基层民主治理改革急需解决的问题；健全农村基层的选举民主和协商民主形式，进一步完善农村基层民主制度体系，既是基层民主治理改革的重点内容，也是加快农村基层民主发展的重要条件。

6.1 改善农村基层民主环境

6.1.1 改善农村基层民主的社会环境

(1) 发挥新型农民合作组织的经济和社会功能

民主的发展受到一定社会条件的制约。这种社会条件既包括历史传统、思想观念、物质生活状况，也包括社会体制和政策的因素，农村基层民主发展受这几方面的制约尤为明显。当然，在这些因素中，最首要的还是在经济发展方面的影响。

作为“统”一级的村级经济组织的发展滞后于农民个体“分”一级的经济，所以集体组织就会缺少社会功能的能力，低水平的公共服务能力不能满足农民对公共事业和公共服务的需要。因此，发展壮大集体经济这一农村经济最重要的成分，对加快新农村建设、促进农业现代化发展、筑牢农村基层民主发展的经济基础至关重要。

1990 年 3 月，邓小平在与中央负责同志的谈话中说，“中国社会主义农业的改革和发展，从长远的观点看，要有两个飞跃。第一个飞跃，是废除人民公社，实行家庭联产承包为主的责任制。这是一个很大的前进，要长期坚持不变。第二个飞跃，是适应科学种田和生产社会化的需要，发展适度规模经营，发展集体经济。这是又一个很大的前进，当然这是很长的过程。”①

家庭联产承包责任制曾经极大释放了农村的生产力，现在在某些地方还有一定生命力，但是从农业现代化和农村社会发展的趋势来看，它已经完成了自己的历史使命，农业和农村经济的发展应该进入到第二个飞跃时期了，即在经过以农民个体积极性的充分调动使农业和农村具备了走向现代化发展的基础条件时，就应该通过发展规模化的集体经济实现新的发展。例如，新型农民专业合作社就是适应农业现代化和社会化生产需要的经济组织形式和经营方式，从经济发展来看有利于农民走向共同富裕，从社会发展来看是提高农民的组织化社会生活的有效方式。

农民专业合作社是指在农村家庭承包经营的基础上，同类农产品的生产经营者或同类农业生产经营服务的提供者、利用者，自愿联合、民主管理的互助性经济组织。在农村面临农业产业化发展要求的情况下，必须继续探索农村经济体制的创新发展，而且新的经济体制对农村政治生活也会产生巨大的影响。农民专业合作社的民主管理和民主监督可以消解宗族势

① 邓小平文选（第 3 卷）[M]. 北京：人民出版社，1993：355.

力在农村社会各方面控制和消极影响。从这个意义上来说，农民专业合作社不仅是在发展农业生产增加农民收入使农产品走向市场化的选择，也必将会给农村基层民主建设带来经济基础和组织基础的变化。截至 2013 年末，全国实有农民专业合作社 95 万多户，出资总额 1.78 万亿元。国家工商行政管理总局、农业部 2013 年 12 月出台意见明确提出，村民委员会不能成为农民专业合作社的单位成员，不得混淆村民委员会管理公共事务的职能与农民专业合作社的经济组织功能、实行“村社合一”。[①] 但村委会在各类合作社成立和发展中的积极作用不可忽略。对于集体经济比较薄弱的村，村委会虽不能成为农业专业合作社单位成员，但不应该影响发挥村委会成立合作社在组织、动员和协调方面的优势，领办合作社、引导农民合作社制度建设，待合作社成立步入正常生产经营时，村委会既不能干预合作社经营，也不能从合作社抽取任何资金。在村委会具有较高的威望的村庄，村委会牵头协调建立各种类型的合作社作为发展经济的平台，扶持合作社的发展成效也比较显著。

加快促进农民合作社的发展还需要中央的重视和政策支持。农业部《关于进一步促进农民专业合作社健康发展的建议》明确要求把合作社作为我国农业农村经济发展的一件大事来抓，强调采取切实措施支持合作社的发展。各有关部门落实中央规定，在财政、税收等方面不断加大政策扶持力度，支持合作社的发展。为了加快合作社的组织建立，提高生产经营效益，给予税收优惠，完善农村金融体系，加强合作社人才培养，对农民专业合作社监督指导等。

2015 年，财政部制定了《扶持村级集体经济发展试点的指导意见》，进一步明确发展农村集体经济在国家经济建设中的重要地位。在城镇化、工业化加快发展，特别是社会主义市场经济的深入发展的形势下，一些农村地方原有的村级集体经济经营方式比较落后，使村集体资产、资源、资

① 村委会不能成为农民合作社成员 [N]. 新华每日电讯，2013-12-21（第 2 版）.

金不能够充分利用，甚至难以保值，集体经济的市场适应能力和资产增值能力较弱，这种状况不但不利于农业现代化的发展，而且与农村社会发展的要求特别是完善乡村治理条件下社会组织应发挥的作用差距较大。所以扶持村级集体经济发展，壮大村级集体经济实力，从经济发展方面来说，是在深化农村改革中对农村“统分结合、双层经营”制度的完善，是适度扩大农业规模经营、进一步优化配置农业生产要素、加快农村经济发展和实现农民共同富裕的重要举措。同时，这也是在全面建成小康社会的目标下，为提高农村公共服务能力、完善农村社会治理的正确选择。从长远来看，对于促进城乡一体化发展、促进社会和谐、巩固执政基础都具有重大意义。具体来说，包括实现村集体资产、劳动力、管理等生产要素的集约化、组织化、效率化，创新经营体制机制和股权化管理方式，目的就是增强集体经济实力、激发集体组织活力、充实集体社会功能。

在广大农村历史上都有农业合作化的基础和经验，随着农业生产力的发展，新型农业合作组织是现代化农业的必然选择，加之自上而下的政策支持，具备了以集体经济组织为依托促进农村基层民主发展的现实条件。

（2）完善社会化服务体系为村民自治提供服务

农村社会化服务体系包括三个方面，即直接为农业生产提供服务的农业生产服务体系、改善农村生产生活条件的农村基础设施服务体系和为农村居民提供教育、卫生、工商等农村社会事业服务体系。

把产业化经营和企业化管理的机制引入农村社会化服务组织中，不断扩展服务对象覆盖面和服务内容，不断提升服务水平。除了在农副产品的产供销服务、市场信息服务、农业生产资料服务，以及农民职业介绍、技能培训等中介服务外，还要发挥带动农民创办专业协会、专业合作社的作用。

更新政府行政理念，提供高质量农村公共服务。转变政府职能，变直接参与为引导、支持和扶持农村合作经济组织的发展。发挥政府的宏观协调功能，促进农业社会化服务体系的开放式发展，在组织、人才和资源方面跨域合作，增强其服务功能，如鼓励基层农技人员、大学生村官、种养大户等领办各类专业化服务组织，提高整体服务能力。

在专业合作社等组织的经济活动中，农民也在不同层次上加入“组织”生活中，在对经济利益的选择、争取的过程中也是一种民主参与的过程；而随着基础设施服务和社会事业服务的逐步完善，也可以为农民更多关注公共事业、农村长远发展问题提供保障。

（3）引导宗族势力成为村民自治的积极因素

虽然村落家族统治已不是农村社会生活的主要方式，但其在农村仍然有深厚的社会土壤。联产承包责任制在激发农民个体和家庭生产功能的同时，在一定程度上促使宗族势力兴起，特别是农村地域广阔，政府的行政控制力和社会资源的不充足，使得宗族势力在一些地方还起到不可替代的功能。不只是一般村民，甚至某些基层干部的思想观念中也充斥着宗法观念。家庭关系可能在村民自治中堕落为危害公共利益和自治法规的裙带关系和帮派势力，若不能对其加以引导，极易成为阻碍甚至对抗基层民主发展的因素。所以必须严格控制宗族势力的消极影响。加强立法，对已经形成的“黑金政治”“村霸政治”和黑恶势力的宗族势力等非法宗族组织活动坚决打击，既清除农村基层民主发展的阻碍，也让广大村民进一步明确党推动人民民主的责任与目标。同时，也正因为宗族力量在农村有着比较深厚的基础，如引导得力也可以化消极因素为积极因素。

以科学精神和民主意识消除宗法观念和宗族意识。科学与民主是能够涤荡封建、腐朽的有力武器，而教育引导的重点是宗族头面人物。与宗族黑恶势力头目不同，这些人的能力和号召力都比较突出，他们思想观念的转变会成为正面的示范，可以影响和带动更多的人。

合理利用宗族组织互助合作的优良传统。发挥宗族势力中的族长等人的号召力，为发展农村的公共事业献计出力，如修建学校、养老院等，引导他们更多关注公益事业，逐渐实现宗族的“功能转换”。在这些活动中，逐步培养他们的民主意识、责任意识和服务意识。

（4）畅通农民政治参与的渠道

加快农民政治参与的制度平台建设。改革开放后，随着村民自治的推进，农民政治参与的渠道逐渐增多，而且参与形式更加多样化。包括参加村委会民主选举和民主管理等以村民自治的形式参与基层民主政治生活；通过选举基层人大代表间接地表达和实现利益诉求；通过信访、行政复议、司法诉讼在权益被侵犯时向相关政府部门反映情况、提出异议、以及诉讼维权。但这些制度化参与途径，很多由于具体制度与操作规程的不完善，导致参与渠道不畅通，使农民的民主权利不能得到充分行使，总体上制度化政治参与渠道不够畅通也是导致恶性非制度化参与的重要原因。所以需要进一步明确农民政治参与的具体规定，充分发挥这些参与渠道的作用。实际上，随着农民的受教育水平的提高和参与经验的积累，其政治参与意识、运用多种手段参与的技能也在提高。

发挥新媒体及时、充分表达农民利益诉求的作用。互联网和新媒体的迅猛发展为人民群众政治参与提供了便捷的条件。信息时代各种新媒体以其传播速度、传播范围的优势比传统媒体更容易及时反映社会生活。可以充分利用新媒体的渠道，实现村民经常性的政治参与；还可以通过司法热线、信访热线、新闻访谈等节目鼓励、支持、引导农民运用大众媒体直接参与到政务公开、执法监督、廉政建设中，不仅可以反映自己的利益诉求，也可以发挥农民群众的监督作用，促进政府提高管理效率，科学合理决策。

营造农民政治参与的组织空间。组织化是有序参与的重要条件，也是提高参与效率的重要途径。目前，大部分的社会阶层都有自己的组织，但最大的群体——农民，却没有自己利益的真正代言人。探寻合理的组织化路径，建设多层次的农民与各种组织的对话渠道。动员组织农民学会维护自身利益，通过组织与政府对话，增强农民对组织的归属感与认同感，提高政治参与的质量。例如，动员组织农村的社会化组织代表参加农村公共议题听证会，或成为法庭陪审员，对涉及村民权益的公共资源分配的事项与行政机构进行“对话”。

6.1.2　改善农村基层民主的文化环境

农民的文化素质和农村的文化氛围都是影响农村基层民主发展的因素。

首先，培养农民的公民意识。公民意识也是现代社会发展中的个体主体意识。培养农民的公民意识，一是要发挥文化教育的作用。以义务教育为主，同时政府补贴促进文化活动室建设，为农民提供更多文化学习和交流的条件。二是发挥政府宣传党的基层民主建设和支农惠农的政策保证作用。可以结合各地的不同民俗，创新各种健康文明、生动活泼的宣传方式，旨在求得实效，营造全方位、多渠道的让农民感受民主的良好氛围。三是发挥农村基层干部队伍的宣传和带动作用。基层干部要认真学习领悟村民自治的精神，贯彻落实相关制度和政策，帮助农民提高自治能力。

其次，要增强农民的民主意识。农民的民主意识如何，对农村基层民主的发展具有重要作用。农民是自治的主体，要有自主管理的意识，增强社会参与感。同时，还要有法治观念和自律精神。拥有民主权利的同时意味着必须承担社会义务。村民自治不是放任自流，自治需要受到法律和政令的约束，需要经过严格的法律规程，不是凭主观想象任意行为。

再次，要强化村民民主自治的理念。虽然村民自治已经实施多年，极大地促进了农村基层民主的发展，但目前的状况还远没达到制度设计的目标和初衷，尤其在落实与实效上存在的问题较多，实际生活中被农民掌握并且运用的并不很理想。需要从国家及民间组织等层面提供更多的场合和资源，让农民接受村民自治的系统学习和训练，而不只是从电视、报纸等媒体零星的、不完整的信息中获得一知半解。所以有必要设立相应的机构、提供专门的资金和配备专业的人员，把培育农民的自治精神和民主理念作为一项长期的工作，只有让村民自治的理念扎根于每个农民的头脑，使自治成为农村政治生活的常态，才能体现村民自治的运行实效。

最后，还要提高农民理性参与的能力。理性参与是民主规范化发展的要求。近年来，农民的民主参与热情普遍提高，通过政治参与表达自己的利益诉求的愿望也比较强烈，但其表达和参与往往缺少理性思考和表达，也就是说与其参与热情相比其参与能力相对较低，缺乏行使民主权利的规范意识、程序意识。在许多地方，农村税费改革后“一事一议”落实难，在许多农村公益事业上难以形成落实方案，都体现了农民民主参与能力不足导致参与效率低下。同时，村级选举中的贿选、暴力拉票等，都反映了农民自身民主素质不够的问题。所以，培育广大农民的主体意识、平等意识、法治意识，通过积极、理性地开展基层民主政治训练，提升其民主参与的能力和水平是发展农村基层民主的基础性工作。

6.1.3 改善农村基层民主的经济环境

民主政治发展的内在逻辑在相当程度上决定着社会治理变革的方向和效果。由于我国经济文化比较落后，发展经济是改革开放最首要的任务，而社会的政治稳定是经济发展的前提条件。

经济条件在一定程度上影响着新时期农民政治参与的意愿与参与程度。党的惠农政策的实施和新农村建设虽然有力地推动了农村发展和农民增收，但农业现代化程度仍然不高。虽然农业税、林业税的取消给农民带来了实惠，但是农用物资价格的上涨却使农民的生产支出增加。同时农村合作医疗保障与农民的现实需求还有较大差距，看病难、看病贵的问题对城市居民来说尚未解决，而对于农民来说经常会发生因病返贫的情况。与城市居民的收入及所享有的社会资源相比，农民这种相对贫困的状况，使其不得不耗费大量的精力于日常生计而无暇顾及选举和监督等民主权利，即使参与其也是低效能的。所以要大力发展农村经济，增加农民收入，从根本上改善农民参与民主政治的物质基础条件。只有夯实农村经济发展的基础，进一步推进农业现代化和农村经济的发展，农民才能更充分地进行政治参与，才能推动农村基层自治向纵深方向发展。

继续加大力度关注农民现实利益。关注农民的现实利益是改革开放以来中国共产党推进农村基层民主的一个基本原则。家庭联产承包责任制极大地调动了农民的生产积极性，给农民带来了物质生活的巨大改善。坚持马克思主义的唯物论和历史观，体现社会主义民主的现实性，就是要夯实农村基层民主建设的利益基础，就要关注和满足农民不断发展变化的利益需求。随着农村的社会进步，特别是工业化、城镇化步伐的加快，农民的利益需求开始更多地体现在教育、医疗等可持续发展的要求方面。所以，基层民主的发展不但要密切关注人民群众的利益要求，而且与民生发展相辅相成。随着生活需要的增加，人民群众参与公共事务管理的积极性也就更高；参与积极性越高，群策群力，改善民生的动力愈大，进而形成二者的良性互动。不管是作为目标还是手段的民主，都应该是造福于民有利民生的。实施城乡一体化发展战略，农民的土地承包经营权、集体资产处置权、公共利益分配权、教育医疗等保障，都是农村基层民主建设关注的重点。实际上，民生与民主的关系还体现在，民生改善和促进和谐的过程中基层民主发展的动力也不断增加。同时，在全面建成小康社会的目标下，农村基层民主的民生内容还体现在其公平性的要求上。尽管我国已经实现了城乡居民按同样比例选举人大代表，但是在就业、教育、医疗等公共资源的分配方面还有较大差别。所以农村基层民主的发展还需要在制度设计上更好地体现城乡一体化的战略，从而实现城乡居民共享发展。在全面深化改革的进程中，制度体系的不断完善必将会给农民和农村带来切实的利益，促进改革成果的城乡共享。

6.2　健全农村基层民主形式

6.2.1　健全农村基层选举民主

新修改的选举法实现了城乡按相同人口比例选举人大代表，城乡居民选举实现“同票同权”，更多有农村背景的人士进入国家权力机关，扩大了农民的政治参与。但是在基层广大农民实现当家作主、表达和维护自身权益的基本渠道和途径仍是村民自治。而民主选举在村民自治体系中处于基础地位，对其他“三个民主”的影响最大。民主选举失败，其他“三个民主”也无法实现；民主选举质量不高，虽然选出了村委会成员，但其履行村民自治的能力也会较差，其他“三个民主”同样会遇到很大阻力。

为提高民主选举的质量，首先需要对村民进行民主法治观念的教育和培养。一是党的领导教育，党的领导是人民当家作主和依法治国的根本保证，村党组织的领导是村民自治和依法治村的保证；二是人民当家作主教育，保证村民充分行使选举权、被选举权、提名权，珍视自己的民主权利，严肃对待选举，投好神圣一票，深切体会当家作主的感受；三是依法治国的教育，村民选举必须严格按照法律法规进行，让广大村民通过选举接受一次实现民主权利的法制教育。其次，提高村委会成员的村民自治意识。一是组织意识，村委会虽不是行政机构，但是作为村民自治的重要组织载体，每个村委会成员必须有严格的组织观念，明确村委会与村党组织及乡镇政府的关系；二是民主意识，村委会是村民选举的自治组织，决不能把村委会变成个别人的“自治”或者“族治”；三是奉献精神，村委会是广大村民推选的自己认可并给予厚望的人组成的，所以要有甘于奉献、勇于承担责任的精神。

2013 年 5 月，民政部颁布《村民委员会选举规程》，明确了村委会的选举程序和场地要求，深入推进以直接选举、公正有序的村民委员会选举工作实践。其中对于选民界定，除拥有本村户籍的村民外，不在籍但在本村居住一年以上，并且经村民会议或者村民代表会议同意其参加选举申请的公民，也可参加选举。对选举竞争做了更详细的规定，如组织候选人介绍履职设想，回答村民提问等。特别对于妇女的选举权和被选举权做了规定。对贿选、造假等问题《规程》明确指出了当选无效的情形，如以暴力、威胁、欺骗、贿赂、伪造选票、虚报选票数等不正当手段当选的。同时进一步细化了关于村民行使罢免权及罢免村委会成员的程序规定。《规程》为提高直选质量提供了制度保障，也是进一步完善民主选举的重要举措。

抓住村民自治的关键即民主决策。民主决策关系重大，决策带来的影响也最大。首先，明确界定了必须进行民主决策的村务事项，凡与村民切身利益相关、对本村经济社会发展影响较大的事项均应包括在内。例如，村经济和社会发展规划，村财务预决算，村福利分配，村税费收缴办法和村提留使用规定，村干部务工补贴，村公益事业的出资、出劳方案，村集体资产经营方案，参军、招干招工人员考核，以及村规民约、村民自治章程制订和修改等。其次，确立了民主决策程序。按照一定的程序决策是民主决策的重要体现。实践中，许多地方摸索出一套行之有效的决策程序：第一，提出议案，议案可来自三个方面，由党支部在征求党员、村民意见的基础上提出；村委会根据村经济、社会发展的需要提出；一定数量的村民联合提出，有的规定 10 人，有的规定 20 人，可由村民会议决定。第二，党支部、村委会通过联席会议进行讨论并提出决策意见。会议由党支部书记主持，党支部、村委会三分之二以上成员与会，特别重大的事务，要事先印发材料，在征求全体村民意见的基础上再召开党支部、村委会联席会并提出决策意见。第三，村民会议或村民代表会议讨论决定。其中涉及村公共利益等重大事项由村民代表会议决定，对特别重大事项如村民自治章程、村规民约、大面积产业结构调整、区域界线调整等，必须经村民会议决定。村民会议是村里最高决策机构，决策只有经全体村民讨论决定，才有权威性，才能顺利执行和落实。

建章建制进行民主管理。靠制度管人管事，实现村级事务管理规范化。根据村务管理实践，建立如下制度对村级民主管理至关重要：一是村民自治章程。这是村务管理的综合性规章，被村民称为“小宪法”，一般应包括村民组织、经济管理、社会秩序、社会保障、廉政建设等方面的内容。二是村规民约。村规民约是全体村民商量制定共同遵守的行为准则，较之村民自治章程，村规民约内容简单一些，主要就某一方面作出规定，如封山育林、道德规范“几不准”等。三是专项制度。包括民主政治建设、精神文明建设、社会治安综合治理等方面的规定。

健全农村基层民主监督。按照《村民委员会组织法》、民政部和中央纪委等部门联合下发的《关于进一步加强村级民主监督工作的意见》（2012）加强村级民主监督，需要做好以下几个方面的工作：

一是明确监督主体。村务事项的民主监督主体就是农民。在村民自治的全过程中村民可以直接行使监督权，而这不同于国家管理中监督的多程序性和间接性。在农村基层民主实践中，村民个体直接监督符合农村的实际情况，由于基层村务涉及的问题与农民直接相关，这种直接监督效率往往比较高，而且对于农民来说其监督容易立即取得实效，从而使他们能够更积极参与监督。

二是明确监督对象。根据《村委会组织法》，作为村民自治机构的村民委员会及其成员要接受村民和村民代表的监督。因为村委会及成员的职能就是为全村村民的利益和重大事务工作。由村民选举产生的村委会成立后，村庄生活的“四个民主”包含的内容都由其牵头组织实施，村民和村民代表当然有权并且需要对其行为进行监督，以促进村委会及成员依法办事为民办事。

三是健全村务监督机构及制度措施。虽然村民有监督的权利，但鉴于村民个体的力量微弱，为保证监督的效力，监督机构必不可少。有机构有职能，才能规范和拓宽村民反映意见的渠道。乡镇政府可以通过督促加大村级财务公开力度，指导、培养村民的自我管理和监督能力，加强村民对村委会的监督，而不应该直接代为监管甚至剥夺村民的监督权；明确村务监督主体及主要职责，规范村务监督机构成员产生方式，避免村民仅靠个体监督乏力而使监督停留在制度上；规范村级民主评议活动的内容和对象，明确民主评议的形式和程序，严肃民主评议结果的运用。村党组织在对村委会的政治思想领导过程中也可以发挥监督作用。村民大会和村民代表会议不仅要对村务重大事项进行民主决策，也应对村委会行使职能情况进行监督。此外还有许多群众组织也可以发挥监督作用，如民主理财小组定期核查村务账目和收支情况，督促定期财务公开和重大事项财务公开；“三老”村民议事会（老党员、老干部、老村民可收集并反馈群众有代表性的意见，使村委会和党支部能够及时了解民情）可接受村民会议、村民代表会议的授权直接处理监督事宜。

有关管理部门要做好村委会成员任期和离任经济责任审计，并严肃审计责任追究。同时做好以落实领导责任制、健全村务档案管理制度、村级公共事务信息化建设等为主要内容的村级民主监督的保障措施。

四是突出监督重点。村民自治的事务都是涉及村民利益的事项，都应纳入民主监督，但最重要的是民主决策和财务工作。财务监督是重中之重，因为重大村务都与财务有关，许多问题的出现也都是因为村级财务不公开所致，凡需群众出资、出物，村集体收入支付等事项，都必须交村民会议或村民代表会议研究决定，执行结果须向全体村民公开。

五是拓宽监督渠道。村委会应结合农村的实际情况以更便捷的方式拓宽监督渠道，减少群众反映问题的范围限制和层级障碍。除了村务公开栏、举报信箱、村务咨询电话等常设渠道以外，还可以通过定期的“三老”座谈会、村民座谈会及村干部接待日等形式，增加对村庄生活的了解，及时发现问题。把农民纳入新型的公众参与方式之中，如对话会、协调会、旁听、吹风会、网上调查和征求意见、电子信箱、现场办公会等，让农民有更多、更便捷的渠道进行利益表达，了解公共事务，提出建议。村委会通过处理群众反映的问题，接受群众的监督。

6.2.2　健全农村基层协商民主

农村基层民主建设是包括广大农民在内的各相关主体依法、有序管理农村经济社会发展事务的过程，也是民主理念逐渐深入人心、民主参与日益广泛、民主管理和监督的效率日益提高的过程。以选举民主的单一民主形式，乃至以行政手段为主的治理方式已经不能适应农村基层民主建设和农村社会治理现代化的新情况、新要求。

选举民主不能满足农村基层民主发展的现实需要。农村选举制度设计因农民的文化水平和社会成员的流动性仍有许多不到位之处，对选举违规的情况不能有效监控从而使选举失去公正。在改革开放进程中特别是社会主义市场经济体制改革的深入推进中，中国农村在逐渐摆脱贫穷落后中也在朝着利益结构和需求多元化方向发展，仅仅通过竞争性的选举民主已经不能满足广大农民的利益表达和政治参与诉求，而且不同利益主体之间也不仅仅是零和博弈，更多体现为合作共赢的需要。协商民主以其公众参与、理性探讨、集体协商、达成共识的特点，在民众参与的广度和深度上比较选举民主而言都能够实现重大突破。随着社会主义市场经济体制的不断完善和发展，以及农民物质生活条件的极大改善，农民对国家政治经济生活的关注和参与、维权意识和民主意识也在不断增强。相较阶段性参与的选举民主而言，协商民主的参与性、包容性、平等性等优势使得协商民主成为农村基层民主建设的重要途径。协商民主的实质在于实现广泛参与和充分表达，农村基层协商民主的要义在于，一是农民的充分参与，二是农民的有序参与。

农村具备推进协商民主的社会基础。协商民主作为选举民主的补充，强调与公共事务相关的主体的共同参与讨论并达成共识，在此基础上做出符合全体或多数人利益和诉求的决策，即能够找到利益“最大公约数”。“当政治竞取的对象（如政治职位、公共政策、政治价值等）不可分割而只能独占时，多个竞争者在无法达成一致的情况下，就只能采取利益对决式的多数裁决方式——选举民主，来实现政治资源的和平谋取，照顾到多数人的利益或价值诉求”；反之，就其性质来说，如果政治竞取的对象可以分割与共享时，我们则可以通过协商方式来实现民主。[①] 改革开放后，中国农村按照《村民委员会组织法》之规定，多年来形成的“乡政村治”的政治社会结构，在村民和村委会之间，乃至包括乡镇政府之间构成了协商、合作、共同治理的关系，构成了农村协商民主生成的政治基础。

民主的发展受到地方历史传统文化的影响。“和为贵”的传统乡村文

① 虞崇胜，王洪树．协商合作：未来民主政治发展的主流方向［J］江汉论坛，2009（10）．

化也为农村协商民主的发展提供了重要的思想文化基础。在农村发展协商民主并非以其取代选举民主，二者之间有着紧密联系，只有在选举民主有相当程度的发展的基础上，协商民主才有广阔的发展空间。农村多元化的利益结构需要协商民主提供解决共同问题和民主决策的议事平台，同时也能够促进乡镇政府与农民的良性互动。而中国传统的“和合”文化也成为发展协商民主的重要文化基础，对健全农村基层民主的形式具有积极意义。而且充分挖掘传统文化的优势，还可以增强协商民主的社会基础，而基层协商民主为农村基层民主政治建设注入了新的动力。

（1）培育多元化的协商主体

农村人口向外流动频繁、农村社会空心化使农村基层党组织难以持续有效组织农村基层社会力量，同时，由于农村社会组织缺乏，村民自治机制空转严重，致使农村基层民主流于形式化。对于许多村民来说，与自身关系密切的、眼前的利益的协商民主活动，参与积极性较高，而且尽可能表达自己意愿，而对于与自身利益关联性不大或者比较远的议题，则不愿意参加。同时，也有许多村民对自身权利主体地位认知不足，甚至认为只是个民主形式而没有实质意义。村民自身的认知不足也导致其在民主活动中不断被边缘化，其利益也难以保障。所以，从培养基层政府组织的协商意识，到发挥动员乡贤以及普通村民的能动性都是推进农村协商民主发展的重要工作，使村民由被动的“要我参加”到“我要参加”的转变，才能真正成为推动基层协商民主的重要力量，进一步增加村民政治参与的深度和效度，从而培育包括基层政府、村民、村民自治组织、村民代表大会等参与协商的主体。。

（2）确立协商民主原则

一是主体平等原则。在协商中，不同经济状况和社会声望乃至于拥有行政权力的组织，依法享有平等权利，都受法律保护和制约。二是资源共享原则。共享不是均等化，是依据各自的能力、责任共享议题倡议、程序组织和决策表决等权利。三是公开公正原则。唯有公开才能便于公众进行监督，坚持公正，才能吸引村民参与协商。

（3）协商民主与村民自治有机结合

在农村基层协商民主机构建设方面的结合。在村民自治中，村委会和村民分别是决策机构和参政主体，在充分体现协商民主的村民自治中，应该体现出村民、村委会、基层党支部、乡政府之间的多重主体的常态化的协商。为了实现协商的稳定性、长期性和有效性，并且使协商成为农村基层民主政治生活的一部分，势必需要一个稳定有效的协商机构，并对各自的权力、职责等做出基本界定，在协商中体现民主，以协商促进民主。该协商机构的授权来自全体村民，其职责在于对村民自治中从民主选举到民主管理等一切问题进行组织协商，帮助农民实现利益，解决农村发展问题。

在农村基层协商民主的制度设计方面的结合。第一，确立候选人的协商制度。推举村委会候选人是村民的民主选举权，把村民的推选与党支部和乡政府选拔人才有机结合，即自下而上的民主推选与党支部、乡政府的一定程度限定性的人才选拔之间为避免冲突而制定具体协商制度。确定村委会候选人是村民自治的关键环节，推举的候选人的服务意识、政治觉悟和工作能力等直接影响村委会的组成和村民自治的质量，同时也是基层党组织和乡政府对农村基层民主建设指导作用有效发挥的重要因素。因此，在确定候选人资格上，通过自下而上和自上而下的提名、协商和讨论，可以为广大村民提供更多的表达意见的参与机会，用制度化的协商方式确定正式候选人，对于提高村民自治质量提供了首要的人选保证。第二，贯穿村民自治全过程的听证制度。通常的听证会是把组织的意向向广大群众公开。在村民自治中，乡镇政府、村党组织代表参与村民的民主选举过程，在选举中为村民释疑解惑的同时，可以及时发现问题和吸纳各方面的意见，在以后工作中有意识地结合群众想法和要求，实现组织意图与群众意愿的有机结合，巩固党的群众基础。第三，健全村民议事会制度。在许多实行村民自治的地方都建立了村民代表会议制度，但还缺乏提高村民自治能力的协商规则和程序。例如，村民代表会议的召集和主持、召开和方案介绍、充分讨论或分组讨论、修改或形成基本方案等规定还有待完善。再比如，明确协商议题选择原则。社会生活纷繁复杂涉及大多数人的公共事项应是协商议题关注的主要方面，如选举事项、民生事项、公共建设事项、财政支持事项等。若把有限的精力关注在个别微观层面的细小琐事上，必将使尚显薄弱的草根民主力量内耗巨大。所以确定议题原则、议事规则、议事程序等也需要明确相应制度，避免村民代表会议只是形式上讨论通过党支部或乡政府的决策，被动完成任务的情况，真正激发村民的参与热情，在参与中提高村民的参政能力。如果说村民自治的效果突出了精英主导的决策管理，那么只有把民主监督建立在村民的广泛参与和协商的基础上，并把村民写上的规则和程序加以制度化，才能实现民主监督，进一步完善基层民主政治建设。总之，在充分发挥已有的村民小组、村民代表大会和村民大会作用的基础上，搭建一个让每个村民都能进行表达、参与讨论的平台，随着参与规则和程序的不断完善，构筑起农村基层协商民主的框架和基础。

（4）发挥基层政府和基层党组织的推动和协调作用

近年来，一些地方涌现了恳谈会、议事会等协商民主形式，村民的民主素质不断提高，但在许多地方农民的参与热情仍然不足。虽然十八大以来提出要完善协商民主制度，但尚缺少具体实践层面的系统化制度建设。所以，无论是各方主体的动员组织，还是协商形式和程序的规范，以及协商议题的集中，仍需要基层党组织和基层政府的有力推动，这是促进农村基层民主建设的有效外力，也是执政党和行政机构的社会责任。

（5）积极听取民意

农村基层民主协商，不仅意味着村民的广泛议事、讨论，还包括基层政府等行政部门与村民的协商，而首先需要做的工作就是听取民意。

对于听取民意的界定，如多少人或者多少比例的意见是群众意见、意见经过什么程序可以被采纳及意见是否采纳的反馈，这些难以通过缺乏一定组织经验的分散的个体完成，所以农村基层协商民主的规范推进需要政府先行。例如，2014 年，湖北省秭归县委根据党的十八届三中全会关于广泛多层推进社会主义协商民主的精神，总结本地实践经验，正式出台了《秭归县农村基层协商民主实施办法》。这是该县全面推进“幸福村落”建设的又一重大举措，旨在将协商民主推向全县农村基层。其中明确农村基层民主协商包括村级民主协商和村落民主协商两个级次，分别就村内协商、村与村之间协商、村落内协商和村落间协商提出了参加人员和民主协商的主要内容，规定了个别协商、利益相关者协商、村落内的农户协商、“一长八员”协商、村落之间协商、村与村落之间协商、村和村之间协商等七种协商方式，就如何提出议题、确定议题、公示公告、组织协商和结果审核等基本程序做出了明确规范，要求把民主协商的成果作为决策参考和实践应用，特别强调了民主协商应遵循“坚持党的领导、坚持依法依规、坚持事前协商、坚持尊重民意、坚持注重实效”五项基本原则。《秭归县农村基层协商民主实施办法》的出台，使全县农村基层协商民主实践有了遵循，将为农村基层协商民主有序有效开展提供保障，也为其他地方农村基层协商民主的规范化提供了重要参考。[①]

在农村基层民主政治发展中，乡镇政府管理与村民自治二者的目的都在于保障和维护农民权益，发展协商民主能够实现来自不同方向的民主路径的有效衔接与互动。从操作层面上来说，乡镇政府通过制定规则、监督落实政策、搭建协商平台、增加供给服务、有效化解矛盾、提供保障等，为农村社会良性运行提供优化的外部环境；农民作为参与主体在知情基础上行使管理权、决策权和监督权而实质性参与到社会管理之中，这是农民个体发展的内容，也构成了乡村社会发展的基础支撑，二者相互促进、共同发展。

---

① 宜昌市民政局．秭归县出台《农村基层协商民主实施办法》[DB/OL] http://www.mzj.yichang.gov.cn/content-14690-584628-1.html，2014-8-22.

（6）充分沟通、达成共识

决策前，多渠道全面了解群众的利益诉求。围绕核心议题，提前由村“两委”在村民中进行广泛、具体、深入的调查，了解其不同的利益诉求，为形成综合各方利益的初步方案奠定群众基础。决策中，在“两委”会议、党员大会、村民代表会议及村民会议期间，再次广泛听取意见建议，特别是组织利益相关者、意见相异者间的沟通，化解分歧、凝聚共识，优化解决方案。决策后，通过协调、沟通减少决策执行过程中的分歧和利益矛盾，从而使决策能够顺利实施。

实效性是协商民主的一个重要优势。为了提高决策效率，对于性质比较单纯、容易形成共识的问题，可以将“两议”转化为“协商”的形式，由村民会议或村民代表会议决策（决策党内事宜时为党员会议），以提高决策的时效性；对于比较简单或者只涉及少数村民利益的问题时，还可以进一步简化为“两委”初议，根据问题性质组织利益相关者协商，然后由村民代表会议决议。

（7）发展农村基层协商民主，要进一步丰富协商民主形式

我国农村发展状况差别较大，协商民主的实践也要根据各地实际情况尊重群众的首创精神不断发展和创新。例如，“村民议事会”“一事一议”等解决村务大事的议事形式，重在保证决策科学民主的建设性协商民主；“民主恳谈会”“民主听证会”等加强干部和群众的直接沟通，重在拓宽下情上达渠道的民主管理型协商民主；将协商民主应用到“公推公选”和“两推一选”的选举模式中，重在加强党内民主与村民自治的良性互动和民主监督的选举型协商民主，都是协商民主实践中的有益尝试。

近年来，在甘肃庆阳华池县紫坊畔乡刘坪村、南梁镇荔园堡村、林镇乡东华池村、上里塬乡柳树河村等数个村庄，由自然村村民大会投票选举出党员和群众代表组成的协商民主议事会，解决了以往许多村务难题，如

春季地膜发放、建设用地项目土地流转、土地确权纠纷、占地矛盾等，体现出协商民主解决村庄事务的优势。①

6.3 完善农村基层民主制度

坚持、正视民主制度化建设的长期性。基层民主建设需要一个长期的实践过程，社会主义基本政治制度规定了中国特色社会主义民主发展的基本方向，但农村基层民主建设作为一个系统工程，涉及授权、决策、管理、监督等多个环节。村委会的直选是改革开放后农村基层民主建设的重点和亮点，但仅仅停留在这个环节，而缺少在选举之后决策、管理和监督的民主体现过程以及四个环节具体制度的有效衔接，民主难免流于形式。近年来，后“三个民主”的制度化、规范化建设虽然也在不断完善，但农村社会生活发生了许多变化。特别在深化改革过程中，经济生活日益多元化、社会多样化趋势更加明显、农村人口流动频繁、“精英”流失、农民阶层分化、个体的独立意识和自主参与意识不断增强、非制度性政治参与有所增加等，这些对基层管理方式特别是基层民主建设又提出了新课题，也就是说，整合人民群众的整体利益难度加大。在这种情况下，中国共产党各级组织、各级政府要整合农村社会，最好的办法就是以制度来规范民主的发展。为此，党的十八届三中全会进一步强调，在基层民主建设中，人民群众自我管理、自我服务、自我教育、自我监督的制度化建设，为包括直接选举在内的农村基层民主每个环节继续加强制度建设、提高农村基层民主制度化水平提供了重要指导，既要坚持原则又要科学借鉴，要坚持制度创新和制度完善来规范民主发展。

---

① 先朝阳，梅金娟. 群众的事群众说了算——华池县推行“农村基层协商民主管理”模式探微［N］. 甘肃日报，2016-09-03.

6.3.1　完善农村基层民主法制

明晰乡镇政府与村委会权力（利）界限。处理好乡村关系首先需要在法律上尽可能明确各自职责范围。要细化组织法、自治法中对村民自治的权限和自治事务的规定，使其更具有可操作性。同时对于中国目前的农村来说，乡镇政府的社会管理职能不可缺失，但要定位于有利于农村发展并且村委会无法完成或者不宜由村委会来执行的社会事务，如兴建公共设施、教育卫生和环境保护、提供最低生活保障、综合治理、维护稳定等。因为乡镇政府作为一级行政机关具有行政强制权，行政强制权的滥用极易损害农民的民主权利。所以在法律明确乡镇政府职能规定的事务以外均应属于村民自治范围，如村级财务、村级经济发展、矛盾调处等。乡镇政府作为行政机构本身具有行政权力优势，若不限定对村委会指导内容，容易导致对村委会的过度干预，所以限定并细化乡镇政府对村委会协助的工作范围，有利于减少冲突和重复工作。

加快村民政治参与的法制化进程，拓宽常态化、制度化参与渠道，减少非制度化参与造成的混乱。《中华人民共和国宪法》《村民委员会组织法》是村民自治的法律依据，也规定了农民享有的广泛参与权，但有待进一步细化完善。在基本的农民政治参与的制度框架体系基础上，对农民参与民主决策、民主管理和民主监督的内容、途径、程序等在总结经验的基础上形成制度，并对阻挠村民参与民主生活的行为制定惩罚措施，完善保障村民政治参与的法律体系。

健全乡级人大监督。《中华人民共和国宪法》《村委会组织法》和《进一步做好村民委员会换届选举工作的通知》中都规定了地方各级人大保证本地区村委会组织法的贯彻实施及保障村民依法行使自治权利的内容。这就规定了县、乡两级人大机构是推进村民自治制度落实的法定责任主体，要以此为依据健全村民自治的县乡人大监督机制，县、乡人大拥有对涉及村民自治和农民合法权益保障事项的最高监督权，包括乡镇政府干预村民自治、村委会不履行法定义务徇私舞弊、村规民约侵害村民合法权益等方面，县、乡人大机关有权对此进行依法纠正。行政机关对村委会的监督可以纳入村民自治的监督体系之中，但不能替代县、乡人大的监督地位。这样既可以促进人大代表对选民服务和负责，也可以有效减少乡镇政府以监督名义对村委会自治的不当干预。

完善村民自治权的司法救济机制。建立村民代表诉讼制度，对于违反法律法规侵犯村集体权益的行为，应允许村民以个人名义依法提起诉讼，健全农民行使监督权的保障机制。完善司法救济程序规定，如乡镇政府不当行为的纠错程序，法院对村委会行为的纠错程序，村民自治中的罢免提议受理主体、表决程序等，民主评议的组织、形式、投票规则等。有了完善的司法救济机制，村民自治权才真正做到了有法可依。同时，强化对村民自治侵权的责任追究和惩处措施，增强法律规定的威慑力，健全村民自治的救济机制。

6.3.2 完善农村基层民主管理机制

村民自治式的农村基层民主发展过程并非是一个完全自下而上的民主生成过程，而是在国家力量的关注、动员、推进和规范下逐渐发展起来的。同时，由于我国地域广阔、人口众多、各地差异也比较大，一刀切的政策在不同地方实施效果也有所不同，所以在民主参与、民主监督、民主决策等方面各地方都有许多创新。但这种创新动力主要来源于一些基层政治精英的努力和推动，不具有持久性和制度层面的统一性。而对于制约农村基层民主发展的突出问题，如贿选问题、“两委”掣肘问题、乡镇政府与村民自治权界划分问题、村官腐败问题等并没有太多实质性的突破，也就是说，各地农村民主实践中的创新模式具有探索性和不确定性。国家要在充分尊重民意的基础上，把这种成功的“地方实验”及时地上升为顶层制度设计，自上而下地进行整体谋划，完善农村基层民主的制度环境和政策环境。有了中央的权威性支持，出色的地方改革措施才能成为常态化的制度和规范。

（1）处理好自治管理权与行政管理权的关系，促进村民自治与行政管理的有效衔接和良性互动

界定了自治权的范围，也规定了村民自治的基本内容。西方的自治理论中关于自治权来源有不同的依据。英美法系国家信奉自治权天赋，固有并先于国家而存在。即使国家出现后，这种自治权利依然存在而且不受国家干涉。通常中央政府很少过问自治机关如何行使自治权，自治机关具有较强的独立性。而大陆法系国家与英美法系国家相反，认为地方自治的权利不是天赋的，是主权国家赋予的权利，因而中央政府可以赋予也可以收回自治权利，强调中央政府绝对的权力，甚至随时可以向地方自治机关发出强制性指示，而地方机关必须执行。马克思主义的自治理论认为，未来生活的管理是一种自治性的管理。马克思、恩格斯在总结巴黎公社的经验时指出，无产阶级夺取政权后，实现了民主性质的转变，即由少数人的民主变成了大多数人的民主。民主范围不断扩大，使社会生活的各方面不断发展，人民群众直接参与社会管理的组织和机构形式越来越多样化，民主越是深入发展，作为国家形态的民主逐渐成为多余的东西，而作为社会生活的民主则越来越完备。这样，未来的社会就是“劳动者自由联合体”，实行劳动者“自治”，社会自下而上由劳动者直接参加管理。而且，没有群众自治的民主，就不是真正的民主。列宁在批判二月临时政府时就曾经指出，如果不是基层群众选举自己的政权机关，而是中央指派的政权机关人选，那就连起码的民主都谈不上，也不是民主政治。后来，随着苏维埃政权的建立，列宁在探讨如何充分调动人民群众的积极性、充分发扬民主、让群众自己管理社会时强调，仅有委托代表机构中的“人民”去实行民主是不够的，还必须有人民群众直接参与的民主，才能发挥基层群众的主动性，真正参与到国家政治生活中。

中华人民共和国成立后，中国共产党人坚持马克思主义自治理论，利用多种方式调动人民群众参与社会管理。但鉴于当时的国情和在探索社会主义建设初期发生的重大挫折，人民群众实现民主的程度还很有限。十一

届三中全会之后，随着家庭联产承包责任制为主要内容的经济体制改革的深入进行，国家力量逐步从农村社会的许多领域退出。广大农民自己组织起来，探索了以维护秩序和调处矛盾等为主要内容的村民广泛参与的直接民主形式。尊重农民的实践创造并以村民自治推动农村基层民主发展，是中国共产党对马克思主义自治理论的继承和发展。村民自治是具有中国特色的社会主义民主最真实、最广泛的实践新形式。

在农村，基层政府行政管理权与村民的自治权集中表现在乡村关系上，即“乡政村治”，村委会不是隶属于乡镇政府的下一级行政机构，只是工作上要接受乡镇政府的指导。但历史上乡镇曾经是村的上级领导机关，长期形成的体制惯性和思维惯性并不容易在短时间内完全改变。一直到现在，某些乡镇领导仍然不能清醒认识和准确把握行政管理与村民自治的关系，仍然以上级机关自居，随意干涉村委会的自治活动。例如，个别乡镇党委政府随意撤换村委会主任或成员，或对他们进行停职、诫勉等，不仅直接侵犯了村委会依法自治权利，干扰了农村基层民主建设，更是严重侵犯了村民的选举权，极大挫伤了村民的积极性，甚至造成了农村社会矛盾，违背村民自治精神。再加，部分农村的“村财乡管”，也就是由乡镇统一管理各村财务，尽管初衷可能是为了有效使用和监管村财务事宜，但在实际操作中往往会直接干预甚至侵害村民自治中的财务权，村财务完全没有了自主，影响了正常工作。当然也存在另一种极端的情况，一些新任村委会不能正确理解村委会要接受乡镇政府的工作指导，村民自治绝对化，往往置乡镇政府的管理于不顾，更不能主动协助乡镇政府工作。特别是当选的村委会主任之前并不为乡镇领导看好的时候，他们经常会滥用《村民委员会组织法》的自治权，导致与乡镇政府冲突，企图以自治摆脱甚至对抗行政机关的指导。所以要明确行政机构的指导原则、内容、程度，即确定政府的行政权与群众自治权的边界，避免二者的冲突。一些地方积极探索处理乡村关系的法治途径，在征求各方意见的基础上以形成明文规定来协调乡镇政府的行政管理权与村委会的村民自治权的关系。如同村民自治在探索中逐步完善，并以《村组法》的形式使广大农村的基层民主建设具有了法律的保障一样，处理好乡村关系也需要在不断总结经验基础上，从顶层制度设计上为二者的良性互动明晰权力界限，这样才能避免滥用行政权力或者滥用自治权两个极端。

对于乡镇政府来说，必须转变观念和职能，以服务为功能定位推动农村民主建设。首先要充分认识到农民自治组织的独立性和自主性，不能以行政机构高于群众自治机构的思维进行管理。其次要合理划分乡镇政府的"政务"与村委会的责任范围和权力边界，乡镇政府要以服务型政府定位，服务的内容包括社会管理、公共服务、经济发展和监管工作，由管制向服务转变；在日常行政工作中依法履行职责范围内的工作，不得干涉村委会的具体工作、决策、人事任免等日常活动，不断提高依法办事的能力和服务农民的水平，使乡镇政府管理服务与村民自治和农村社区建设实现良性互动，共同进步。

（2）处理好自治权与党的领导权、乡镇政府的行政权的关系，健全党组织领导的充满活力的基层群众自治机制

现代国家中的自治都是一定条件下的自治。中国农村村民自治作为中国特色社会主义民主政治建设的一部分，不是无限制的自治，而是中国共产党领导下的自治，农村党组织是村民自治的领导核心。处理村民自治与党的领导的关系是一个具有中国特色的基层民主实践的特殊问题。党的基层组织的领导作用应体现为"掌舵"，主要是制定社会经济生活的规则，并保证其他各类组织发挥应有的功能，而不是直接管理社会事务。在村民自治中，党支部应带领村民制定村庄事务的规章制度并对村委会执行情况进行监督。党的十七大报告提出，基层民主制度化建设包括健全党组织领导下的充满活力的基层群众自治机制，就是要明确处理好二者的关系。村民的自治权与党的领导权的关系集中表现为村委会和村党组织的关系。二者不协调的主要问题是，一些村主任及班子认为，自己是全体村民选出来的，行使自治权拥有广泛的村民支持做基础，而村党组织不过是部分党员选举出来的，民意基础远不如自己大，所以认为比党支部地位高一等，在

与党支部发生分歧时往往以我为尊。同时，也有部分村党组织书记认为，中国共产党是中国特色社会主义事业的领导核心，这种领导就意味着在各个层次、各个领域都必须坚持党的绝对领导，在农村也应该渗透到村民自治的各个组织当中，包括村委会和村民代表会议的所有决策都必须完全按照党支部的指示来进行，甚至所有村民自治的具体工作也必须按支部书记的指示照办。这种僵化、主观地理解党在基层的领导工作往往造成“两委”关系的紧张，影响了农村社会生活的稳定。

为了缓解“两委”关系紧张的状况，促成“两委”领导的一致性成为许多农村地方探索的路径，具体做法有所不同。有些地方在村委会选举与党支部选举的候选人推荐结果上实现一致，倡导党支部书记参与村委会主任的竞选，如当选则同时留任村党组织书记，即直接实现了村委会主任和党支部书记“一肩挑”，如在选举中落选则党支部书记一职也不能继续担任。有些地方为了使党支部书记人选拥有更多群众基础，由当选的村委会主任（如果是党员）担任党支部书记，若选出的村委会主任是非党员，并且符合党员的基本条件，纳入组织培养计划按程序发展为党员，然后任职书记，这样形成党支部书记、村委会主任“一肩挑”，有效化解“两委”矛盾。在不提倡“一肩挑”的地方，党支部在工作中发现并培养农民中在带头致富、政治素质、群众影响力和号召力等方面的优秀分子，并通过组织的支持鼓励其参与村委会主任的竞选，在当选后通过党组织的影响和培养使其在工作中能够深刻领悟党的方针政策，能够自觉与村党组织保持在思想上的一致。还有一些地方为了增强党支部在农村基层的民意基础，采取“两票制”的办法，即在村党组织领导班子的选举中，村民投票推荐候选人，然后党员投票选举，这样使村党组织拥有比较坚实的民意基础，既有利于扩大党的群众基础，又有利于在处理与村委会关系时发挥领导核心的作用。

在村各级组织机构中，村民大会和村民代表大会是最高权力机构和决策机构，因此，村委会和村党组织只拥有各自的权限而没有最高决策权。对于农村的重大事务，可以由“两委”联席提出决策建议，然后交由村民大会或村民代表大会表决。因村民大会或者村民代表会议是定期召开或者临时召开的，为了提高决策效率，日常事务可由村委会和村党组织召开“两委”联席会议讨论决定。如果“两委”对某个事项意见差别较大，则该事项的决定权交由村民会议，“两委”都必须尊重并执行村民会议决议。

强化村务公开是保障农民权益的有效途径。村务公开是完善村民自治、发展农村基层民主的重要内容。

首先，制定科学合理的规章制度。《村委会组织法》和《关于健全和完善村务公开和民主管理制度的意见》（中共中央办公厅、国务院办公厅 2004）等中央政策都对村民自治提供了重要保障，但在实践中村民对民主决策、管理和监督参与的广度和深度都很不够，村务公开程度总体一般。因为中国地域辽阔，各地农村千差万别，真正落实村民自治，还需要依据法律制定《村民自治章程》或村规民约，根据各地实际情况把村务公开的内容、方式和途径等具体化。这需要在乡镇政府的指导下，经本村村民代表广泛征求村民意见后，制定《村民自治章程》（以下简称《章程》）。《章程》应当包括的内容有：《章程》的法律依据、性质、制定主体、使用范围和实施主体等；村民组织及行为规范，涉及村民会议、村民代表会议、村民委员会、村民小组、村民、村干部等群体；经济管理，涉及劳动、土地、集体企业、财务等方面的管理；社会秩序，包括社会治安、村民风俗、婚姻家庭等内容；民主监督，涉及该章程的监督主体和该章程的法律救济措施。

其次，还需要制定落实《村民自治章程》具体内容的村务管理的决策制度、财务公开制度、村民代表巡察制度、村民或代表座谈制度、村干部评议制度等。只有在村民自治相关法律基础上，根据本村实际制定科学合理的规章制度，提高建章建制的质量和水平，才能扎实推进民主管理。

确立规章制度后，还要制定科学合理的程序和步骤，进而形成规范的运作机制落实制度，包括民主管理机制、民主决策机制和民主监督机制。

村民广泛参与的各种村治组织机构的设立，按照一定的规章制度参与村级事务进行民主管理。如村委会作为村务执行机构，下设办公室、财务处、治保民调委员会、计划生育委员会、妇女委员会、环保处等机构。建立村民代表议事会和党员议事会。村党组织全面负责，村民委员会协助党组织发展经济，重点抓村务管理。

村民通过村民自治最高权力机构即村民会议（村民代表会议）参与涉及村民利益的村内重大事务（制定、修改村民自治章程和村规民约等）进行民主决策，发挥村民代表议事会和党员议事会的决策作用。让村民不仅可以通过村民代表会议和党员议事会知晓重大村务事项，而且按照“民主集中制”的原则决策公共事务，行使决策权、管理权和监督权。决策内容包括重大项目的立项、重大建设工程的招标、资金的筹集、企业利润的分配和使用、村庄规划和建设、宅基地的划分等。具体决策程序由党支部或村委会召集“两委”联席会议，组织讨论并形成统一意见，该意见必须广泛征求村民意见后进行适当修订，最后“两委”再决策。

民主监督是民主决策和执行过程中对村干部行为进行监督的机构、组织和方式，是村民通过村务公开监督小组和民主理财小组等形式实现对村委会成员和其他村干部的监督。

村务公开的内容包括相关法律法规和政策明确要求公开的事项，其中财务事项涉及全村村民的直接利益，所以财务公开是村务公开的重点，也是村民进行民主监督的重要内容。具体来说，村内所有收支项目及明细必须公开，让村民了解村集体资产的使用和增值情况，监督村财务收支的真实性和合理性。其他公开事项还包括宅基地使用、救灾救济款物发放、村干部报酬等。在坚持以上项目公开的基础上，村务公开的内容要根据农村社会发展变化出现的新形势、新问题及时增加或者更新，尤其是涉及农民利益的事项要及时主动公开，如土地征用补偿及分配、村集体债权债务及变化事项、村务“一事一议”、新型农村合作医院、种粮直接补贴、农机具补贴，以及国家其他支农、惠农补贴和政策落实的情况。对于法律政策没有明确规定而农民群众要求公开的其他事项，在不违反原则的基础上也必须如实公开。

村务公开的原则：实际、实用、实效。公开的场合和途径必须适合村民生产生活的实际情况，让村民以最便捷的方式、最低的成本、最直观的感受了解到村务信息，如设立固定的公开栏，通过广播、电视、网络、民主听证会等形式公开。村务公开的频次一般至少每季度一次，也可根据情况适当增加，使定期公开形成常态。对涉及群众利益的重大问题不受时间间隔限制要及时公开。村务公开贯穿村务全过程，不仅要结果公开，而且为了公平还要增加事前、事中的公开。

村务公开民主管理由制度到现实是一个系统工程，既要有自上而下的政府引导推动，也要有自下而上民众的主动参与。首先，需要各级政府的引导推动。尽管村民自治是农民的首创，但村民自治的制度化发展却是政府强力推动的结果。落实村务公开民主管理也离不开乡镇政府的引导和推动。从 1998 年 4 月《关于在农村普遍实行村务公开和民主管理制度的通知》的下发，到 2004 年 6 月《关于健全和完善村务公开和民主管理制度的意见》的公布，关于村务公开有了具体的政策法规。在此基础上，成立了由国务院民政部、财政部、农业部等 10 多个中央部门参加的全国村务公开协调小组，各省（自治区、市）也相继建立了村务公开领导协调机构。所以，村务公开民主管理落实到实践中必须有基层政府的贯彻实施。乡镇政府应设置专门机构和负责人督促村务公开民主管理的落实，对村级规章制度的制定和机制设置给予指导和帮助，并对照指标要求进行考核；帮助各地依据法律和村庄实际情况进行管理创新；通过多种形式的宣传和教育激发农民参与的积极性和主动性。其次，发挥村干部等村治精英的积极作用。推选具备一定的道德素质和奉献精神，具有较强的管理能力的村民成为村庄重大事务的决策机构成员，组成德才兼备的村治精英队伍，作为执行制度的表率。在村民的信任和支持下，村治精英发挥主导作用，带动村民参与民主管理，也保证了村民自治的有序进行。最后，发挥农民的主体作用。增强村民对集体的认同感和责任感，培养参与村务的民主意识和参与能力，参与到村务公开民主管理的活动中，提升农民的组织化程度，真正实现农村建设和村民自治的主体地位。

6.3.3 完善农村基层自治机制

（1）进一步充实村民自治的自治功能

一般来说，自治的区域范围与自治的参与程度成反比。在广大的农村，如果村民自治的区域和幅度太大，组织村民的难度就增加，村民直接行使民主权利和管理自治事务的程度就会下降，所以有必要将自治的重点由村委会进一步向下延伸至自然村。因为就村委会的职能而言，包括自治与协助乡镇政府开展工作两个方面。但是自治职能与协助行政职能有时并不一致，在两难的选择中，村委会的决定结果往往是强化了行政职能而自治功能体现不足。而且许多村委会的范围都比较大，方圆几十公里，下辖十几个自然村，仅靠 3～7 个人的村委会干部难以对所有村庄的情况全面掌握，加之村民会议及村民代表会议仅是定期召开，所以村委会的日常管理容易在自然村出现断层。为了使自治组织落到最基层，有必要在自然村层面也建立健全自治组织，减少村民与村委会之间的阻隔，可以通过协助村委会开展工作，使村自治事务落实到自然村一级，实现村民自治进一步向下延伸到自然村落。

（2）加强党内基层民主对村民自治的引导和示范

在农民探索村民自治的发展历程中，每一次发展进步都离不开党的领导和政府支持，而且党内民主也推动了人民民主的发展。从党的十三大提出要以党内民主来逐步推动人民民主是发展社会主义民主政治的一条切实可行、易于见效的途径；到党的十六大在加强党的建设的背景下强调党内民主对人民民主的示范和带动作用，指明了党内民主建设的重要任务；党的十七大重申以扩大党内民主带动人民民主，并且从建设和谐社会的目标高度提出要以增进党内和谐促进社会和谐，并提出探索党内基层民主的多种实现形式。而探索党内基层民主的多种实现形式，实现与村民自治的良性互动，是农村基层民主政治建设的重要课题。如“两票制”推选村党组织领导人，农民以提名、推荐候选人的方式更深入地参与党内民主；而基层党组织领导人积极参与村委会的竞选，也使党组织的影响力渗透到村民自治中。这是对村民自治的一种政治支持，也为党支部建设提供了新机制。

现阶段，中国共产党的执政环境发生了重大变化，对党的执政能力提出了新要求。继续发挥党组织对农村基层民主建设的引领也是加强党的执政能力建设的内容。我们需要正视农村社会发生的一系列改变，如社会主义市场经济带给农村社会经济的冲击、农民思想观念的多元化、农民自我意识的提升等，必须加强农村基层党组织建设，增强党组织的吸引力和影响力，处理好“两委”的关系，才能保证农村基层民主的正确发展方向。

（3）激发社会组织功能

统分结合的双层经营体制激发了农民发展生产的活力，农村经济得到快速发展，农民成为独立的生产经营主体，即独立的利益主体。在农村形成了不同的利益群体。而大批农民工的城市打工经济收入和城市生活的洗礼也促使他们有了表达和参与的需要。但农村社会组织化程度低，分散的农民参与公共事务对公共权力的影响甚微，包括参与一些维权行动，其效果都难与集体组织的行动相比。农民利益表达意识和表达能力的欠缺使农民组织化成为一种现实的需要，而且村委会有时也无法对过于分散的农民整合利益，还要面临传统文化的凝聚力日益下降、乡村的认同感缺乏等问题。

随着经济社会发展，农民也开始有了一定的合作意识，根据共同利益需要形成的社区组织，如经济合作组织、社区民间组织等。政府扶持和培育以乡村精英为核心力量的新型社会组织参与乡村治理，在村民委员会这一群众自治制度的平台上开展各种自治活动，能够在许多方面弥补村民自治的不足。据统计，全国已经登记和未登记的乡村两级的民间组织至少在 300 万个以上，占全国民间组织总数的 2/3 以上。①

发挥新型社会组织在农村基层民主建设中的作用契合了中国的历史文

① 俞可平．中国公民社会的兴起与治理的变迁［M］．北京：社会科学文献出版社，2002：25.

化传统，借助乡村精英治理的力量增强了农民共同体意识。在当前“乡政村治”对不断变化的农村社会难以全面应对的情况下，社会活力就要发挥作用，尤其是社会组织具有巨大潜力。新型社会组织是相对独立于政府的组织，在政府与社会之间构筑起沟通的桥梁，提高了农村社会的组织化程度，为农民拓宽了利益表达的渠道，为有奉献精神和较高威望的乡贤和经济精英提供参与村庄事务的平台，丰富了农村基层民主的实践形式，符合当前农村社会发展的现实需要。

组织化的参与是提高村民政治参与的有效途径。培育农村社会组织，促进村庄内部的政治联系，搭建乡村民主生活的平台，是农村基层民主的有效组织形式。农村的社会组织对于农民来说就是自己身边的组织，可以经常地参与，并具有可监管性，财务管理公开、透明，因而受到农民的信任；同时，社会组织的民间性和自愿性，以及民主管理和民主决策的内部机制，对农民也是进行民主教育和民主生活锻炼的有效形式。在农村社会组织中，农民进行组织化的生活，在争取利益方面既学会了表达自己的利益也学会了理性认识自我利益，既关注自己的利益也学习关注和维护公众利益，逐渐学会理性协商、有序参与等民主生活的基本方法。村民的利益诉求通过组织化的表达，在一定程度上可以抵御乡镇政府、宗族势力等对民主选举、民主决策等村民自治的不当干预。农村社会组织的运行也是农民自我教育、自我管理、自我服务的方式，对于提升农民的话语权，特别让农民在实践中提高民主素养，增强民主和自治能力，发挥农民的主体地位具有重要作用。

湖北省秭归县杨林桥的农民自发地建立社区组织，并得以推广。农村社区按“地域接近、产业趋同、利益共享、规模适度”的原则设立。社区组织规范化发展，成立理事会，理事会负责人由本社区居民直接选举产生，不拿任何报酬，每届任期一年。[①] 社区理事会工作内容依村民需求而

① 万小艳．乡村治理与新农村建设：湖北秭归杨林桥社区建设与治理的实践探索［M］．北京：知识产权出版社，2011：139-145.

定，社区服务覆盖村民生活，如对民事纠纷的调解、提高专业技术的科技培训等。与村委会要接受乡镇政府的指导相比，这是更完全意义上的群众自治组织，不同于村委会还需协助行政机关工作。同时社区活动也完全由群众自发组织。社区理事会的建立和运行，进一步丰富了村民自治的内容，开拓了村民自治不同层次的新领域。

根据党的十八大报告精神，要发挥政府的主导作用，加快建立可持续的农村基本公共服务体系，以及依法自治的现代社会组织体制。为此，要从法律、政策的保障和支持方面，以及各种资源和人才的保障等方面促进农村社会组织建设和发展。第一，在法律制度层面上，完善农村社会组织法律和政策体系，明确其组织属性和法律地位；第二，改进政府提供公共服务方式，围绕当前农村社会组织建设和发展遇到的问题进行重点资源配给；第三，发挥城市社会组织带动联合农村社会组织发展的积极作用；第四，加大相关人才的培训力度，有了专业人才提供服务才能组织起分散的农民，促进农村社会组织发展。

（4）健全村民自治机构

村民自治权的实现方式可以通过个体行权，如直接投票选举，也包括集体行权，即以自治机构为主体的行权。

根据《宪法》和《村委会组织法》，自治机构主要是指村民会议、村民代表会议和村委会。它们的权力和职能是有区别的，前两个是自治的议事与决策机构，后一个是主要的执行机构。由于许多农村村委会下辖自然村及人口较多，召开全体村民参加的村民会议难度较大，实际上村委会几乎包揽了议事、决策、执行甚至监督的所有事项，村民会议或者村代表会议的集体行权被架空。所以进一步完善村民代表会议制度，特别是代表与村民联系制度化，形成村民代表会议对自治事项议事、决策，村委会负责执行，这样才能保证自治权在决策和监督过程中得以真正实现。

完善村民代表会议制度，为村民民主管理提供畅通渠道。所有村务事项需村民代表征求村民意见后决定，以保证村民的知情权；村民代表会议督促村民理财小组监督村财务工作，接受村民对村干部的检举监督。村民代表会议要成为村民参与村务管理的常设机构，为村民提供发表意见表达诉求的场所。这样村民的参与意识才能不断提高，才能更多地关心村集体利益、公共利益，从而更好地实现和保障其民主权利。

完善村民代表会议制度，有效协调“两委”矛盾。实际上“两委”之间矛盾的焦点就是对村级事务的决策权。村民代表会议经村民大会授权后，作为权力机构和决策机构，对村级事务拥有决策权，从而平衡村委会的执行职能和村党组织的政治领导之间的关系。

完善村民代表会议制度，避免乡镇政府对村务的过度干预。在以往很长时期内，村委会虽然是村民自治机构，但也要承担协助乡镇政府工作的职能，很多时候其行政化特征强于自治特征，也就是在代表和保障村民利益方面不够。若村民代表会议制度能够切实发挥作用，则涉及本村的政府行为，如征用土地等最终都要由村民代表会议决定，也免除了村委会在政府与村民之间的尴尬局面。

完善村民代表会议制度也是有效维护农民利益的途径。农民的组织化程度低，影响了村民的利益表达和维护。村民代表会议为村民提供了组织化的舞台表达利益诉求，为综合素质较高、管理能力较强、有服务精神的村民参与村务管理和决策提供了机会，也避免了矛盾激化，如以集体上访甚至暴力抵抗等行为，有利于维持社会稳定。

（5）城乡基层群众自治相互渗透、延伸

在城乡一体化发展的目标和趋势下，城乡基层群众自治一体化的趋势日益明显。村民自治除了向上到乡镇和向下到村落的纵向延伸以外，就是从乡村到城市的延伸。这是城市居民自治与农村村民自治良性互动，也是中国基层民主发展的新趋势，从党的十六大到党的十七大对该问题的阐述中就能看出这一变化。党的十六大报告中提出的是在农村健全党组织领导的充满活力的村民自治机制，在城市建设管理有序、文明祥和的新型社区。在缩小城乡发展差距，全面建成小康社会的新要求下，2007 年党的十七大就把村民自治和居民自治结合起来共同纳入基层群众自治中，适应了加快城镇化发展的要求，提出要将城乡社区建设为管理有序、服务完善、文明祥和的社会生活共同体，也就是把农村和城市基层民主建设融为一体。这一表述为城乡一体化建设中城乡基层民主建设提出了发展要求和政策导向。城乡社区的对接和优势互补，是开拓基层民主政治建设新局面的必然趋势，如为解决农村村委会下辖自然村较多、村民大会召集有诸多不便的情况，将城市社区的理念引入农村，以自然村落为农村社区，借鉴城市社区建设的一些经验，可以把村民自治进一步向下落实到自然村，使村民能够在生产生活的各个方面经常性地实现民主参与；同时，村民自治中的直选、听证、公决等做法对城市社区建设也有重要的借鉴意义。

结论

农村基层民主建设作为中国特色社会主义民主政治建设的重要组成部分，也是全面建成小康社会和全面深化改革的重要任务。推进农村基层民主发展和完善是一项长期系统工程，涉及民主发展的社会环境改善、在健全村民自治中选举民主的同时加快发展农村协商民主，以及随着社会生活的变化和要求进一步完善基层民主制度体系建设。

民主特别是基层民主的发展受到社会环境的制约。对于多数农民来说，在分散经营的经济形式中缺少可以共同维护自身民主权利的组织依靠。而秩序化、组织化的民主参与是现代社会民主发展的要求。所以需要在加快发展新型农民合作组织等集体经济的基础上，通过社会化服务组织更好地把农民组织起来，特别是在宗族势力比较强势的地方需要因势利导发挥其积极作用，改变农民在表达利益诉求时势单力薄的情况。同时，坚持经济基础的决定性作用，以发展农村经济为农村基层民主建设注入持久活力。培育农民的现代民主意识则是党和政府不可推卸的责任。

选举民主是农村基层民主建设的基础和重要体现。多年来，农民在实践中创造了“海选”等多种选举形式，这是中国农民最广泛的基层民主实践，也是发展村民自治取得的突出成就，但与民主选举的效能目标还有一定差距。所以，还需要对农民进行民主法治观念教育，增强农民的权利意识、责任意识，以提高选举的质量。同时，还需要增强在选举之后的民主决策、民主管理和民主监督等薄弱环节的建设。

党的十八大提出健全社会主义协商民主制度，为农村基层民主建设提出了新的思路，开辟了更广阔的发展空间。容纳多方参与协商民主建设、发展协商民主的原则，并且与村民自治有机结合，发挥基层政府和基层党组织的引领和推动作用，鼓励各种建设性协商民主、管理型协商民主、选举型协商民主的探索。

制度化建设历来是中国共产党人发展民主的重要原则，民主制度也需要随着社会的发展变化和人民群众的需求不断完善。把农村基层民主纳入法治轨道，不断提高法制化水平，完善农村基层民主管理机制，健全农村基层自治机制是当前发展农村基层民主的基本任务。

由于中国的历史传统和特殊国情，中国农村基层民主政治的发展既需要充分尊重和动员起农民这一重要主体，也需要中国共产党作为执政党自上而下的引领和推动。尽管在全面深化改革的过程中会遇到更多的困难和问题，农村基层民主建设也不例外，但只要坚持马克思主义关于民主的正确认识，坚持中国共产党人历经百年艰辛探索总结的历史经验，农村基层民主建设就能不断前进。

参考文献

A. 马克思主义经典著作及重要文献

[1] 马克思恩格斯选集（第1—4卷）[M]. 北京：人民出版社，2012.

[2] 马克思恩格斯文集（第1—10卷）[M]. 北京：人民出版社，2009.

[3] 马克思恩格斯全集（第10卷）[M]. 北京：人民出版社，1998.

[4] 马克思恩格斯全集（第1卷、第3卷）[M]. 北京：人民出版社，2002.

[5] 马克思恩格斯全集（第48卷）[M]. 北京：人民出版社，2007.

[6] 马克思恩格斯列宁论意识形态 [M]. 北京：人民出版社，2009.

[7] 列宁专题文集（论社会主义）[M]. 北京：人民出版社，2009.

[8] 列宁全集（第28卷）[M]. 北京：人民出版社，1990.

[9] 列宁全集（第40卷）[M]. 北京：人民出版社，1992.

[10] 列宁选集（第2卷）[M]. 北京：人民出版社，2012.

[11] 毛泽东选集（第1—4卷）[M]. 北京：人民出版社，1991.

[12] 毛泽东文集（第1卷）[M]. 北京：人民出版社，1993.

[13] 毛泽东文集（第3卷）[M]. 北京：人民出版社，1996.

[14] 毛泽东文集（第7卷）[M]. 北京：人民出版社，1999.

［15］毛泽东著作专题摘编（上）［M］.北京：中央文献出版社，2003.

［16］刘少奇选集（上卷）［M］.北京：人民出版社，1981.

［17］彭真文选（一九四一——一九九〇年）［M］.北京：人民出版社，1991.

［18］董必武选集［M］.北京：人民出版社，1985.

［19］邓小平文选（第1—2卷）［M］.北京：人民出版社，1994.

［20］邓小平文选（第3卷）［M］.北京：人民出版社，1993.

［21］江泽民文选（第1—3卷）［M］.北京：人民出版社，2006.

［22］江泽民.论“三个代表”［M］.北京：中央文献出版社，2001.

［23］中共中央文献研究室.江泽民论有中国特色的社会主义（专题摘编）［M］.北京：中央文献出版社，2002.

［24］胡锦涛.坚定不移沿着中国特色社会主义道路前进　为全面建成小康社会而奋斗［M］.北京：人民出版社，2012.

［25］习近平.之江新语［M］.杭州：浙江人民出版社，2007.

［26］习近平.习近平谈治国理政［M］.北京：外文出版社，2014.

［27］中共中央文献研究室.中共中央文件选集（1949.10—1966.5）［M］.北京：人民出版社，2013.

［28］中共中央文献研究室编.十二大以来重要文献选编（下）［M］.北京：人民出版社，1988.

［29］中共中央文献研究室编.十三大以来重要文献选编（上）［M］.北京：人民出版社，1991.

［30］中共中央文献研究室编.十五大以来重要文献选编（上）［M］.北京：人民出版社，2000.

［31］中共中央文献研究室编.十五大以来重要文献选编（下）［M］.北京：人民出版社，2003.

［32］中共中央文献研究室编.十六大以来重要文献选编（上）［M］.北京：人民出版社，2005.

[33] 中共中央文献研究室编. 十七大以来重要文献选编（上）[M]. 北京：人民出版社，2009.

[34] 中共中央文献研究室编. 十八大以来重要文献选编（上）[M]. 北京：人民出版社，2014.

[35] 中国共产党第十八届中央委员会第三次全体会议文件汇编 [M]. 北京：人民出版社，2013.

[36] 中国共产党第十八届中央委员会第三次全体会议公报 [M]. 北京：人民出版社，2013.

[37] 中国共产党第十八届中央委员会第四次全体会议公报 [M]. 北京：人民出版社，2014.

[38] 中国共产党第十八届中央委员会第五次全体会议公报 [M]. 北京：人民出版社，2015.

[39] 韩延龙，常兆儒. 中国新民主主义革命时期根据地法制文献选编（第1卷）[M]. 北京：中国社会科学出版社，1981.

B. 国内外相关著作

[1]（美）塞缪尔·亨廷顿. 变化社会中的政治秩序 [M]. 王冠华，刘为，等，译. 上海：上海人民出版社，2008.

[2]（法）卢梭. 社会契约论 [M]. 何兆武，译. 北京：商务印书馆，1980.

[3]（美）阿尔蒙德，鲍威尔. 比较政治学 [M]. 曹沛霖，等，译. 上海：上海译文出版社，1987.

[4]（美）罗伯特·达尔. 论民主 [M]. 李柏光，林猛，译. 北京：商务印书馆，1999.

[5]（美）科恩. 论民主 [M]. 聂崇信，朱秀贤，译. 北京：商务印书馆，2004.

[6]（美）罗斯·特里尔. 毛泽东传（修订本）[M]. 石家庄：河北人

民出版社，1990.

［7］俞可平．中国公民社会的兴起与治理的变迁［M］．北京：社会科学文献出版社，2002.

［8］李凡．中国基层民主发展报告［M］．北京：知识产权出版社，2007.

［9］徐勇，项继权．村民自治进程中的乡村关系［M］．武汉：华中师范大学出版社，2003.

［10］陈开国．中国农村大趋势［M］．合肥：安徽人民出版社，1989.

［11］秦志华．中国乡村社区组织建设［M］．北京：人民出版社，1995.

［12］徐勇．中国农村村民自治［M］．武汉：华中师大出版社，1997.

［13］刘丹．乡村民主之路——中国农村基层直接民主的发展及其法制化［M］．长沙：湖南人民出版社，2001.

［14］高建，佟德志．基层民主［M］．天津：天津人民出版社，2010.

［15］宋连胜．马克思主义中国化研究［M］．长春：吉林大学出版社，2007.

［16］房宁．民主政治十论［M］. 北京：中国社会科学出版社，2007.

［17］史卫民，潘晓娟．中国基层民主政治建设发展报告［M］. 北京：中国社会科学出版社，2008.

［18］黄涌群．农村民主自治发展研究［M］．广州：暨南大学出版社，2008.

［19］卢轶．人民民主理论与实践研究［M］．北京：人民出版社，2010.

［20］吕增奎．民主的长征　海外学者论中国政治发展［M］．北京：中央编译出版社，2011.

［21］万小艳．乡村治理与新农村建设：湖北秭归杨林桥社区建设与治理的实践探索［M］北京：知识产权出版社，2011.

［22］董江爱．中国农村基层民主与治理研究［M］．北京：中国社会

科学出版社，2012.

［23］戴玉琴．改革开放以来农村民主政治发展论纲　基于村民自治视角［M］．北京：社会科学文献出版社，2012.

［24］寇延丁，袁天鹏．可操作的民主：罗伯特议事规则下乡全纪录［M］．杭州：浙江大学出版社，2012.

［25］胡建华．农村民主管理制度：法理分析与法治保障［M］．北京：中国社会科学出版社，2016.

C. 国内相关论文

［1］毛泽东．今年的选举［J］．红色中华，1933（108）.

［2］宋连胜．中国共产党追求社会主义政治文明的历程与经验［J］．东北师大学报 2003（5）.

［3］王寿林，张美萍．邓小平社会主义民主建设思想探析［J］．郑州大学学报，2002（2）.

［4］温大安，管雪松．江泽民社会主义民主建设思想［J］．理论学习，2002（12）.

［5］郭正林．国外学者视野中的村民选举与中国民主发展：研究述评［J］．中国农村观察，2003（5）.

［6］黄天弘.30 年民主政治建设：内容与形式的统一［J］．中共山西省委党校学报，2009（2）.

［7］钱锦宇．参与民主：新型的民主形式［J］．西北大学学报（哲学社会科学版），2011（6）.

［8］张立进．邓小平基层民主建设思想初探［J］．法制与社会，2007（9）.

［9］雷志松．邓小平农村基层民主建设思想初探［J］．党史文苑，2004（4）.

［10］魏宪朝．基层、基层民主和农村基层民主析论［J］．理论与改革，

2004（1）.

［11］梁保稳 . 简述邓小平关于我国基层民主建设的思想［J］. 中外企业家，2009（18）.

［12］吴大兵，马兵 . 江泽民基层民主建设思想初探［J］. 桂林师范高等专科学校学报，2005（9）.

［13］高红艳 . 近年来国外毛泽东民主实现研究综述［J］. 山东社会科学，2010（8）.

［14］姚望 . 利益表达与改革进程中民主形式的变迁［J］. 厦门特区党校学报，2008（6）.

［15］李正赤，何洪兵，程春燕 . 论邓小平中国特色社会主义民主建设思想［J］. 西南民族大学学报 · 人文社科版，2005（3）.

［16］傅华，商继政 . 论胡锦涛同志的基层民主思想［J］. 毛泽东思想研究，2009（3）.

［17］郑颖瑜，吕光强 . 毛泽东关于基层民主的探索及其启示［J］. 西安社会科学，2011（12）.

［18］房宁 . 毛泽东民主思想的当代启示［J］. 马克思主义研究，2010（9）.

［19］唐明勇 . 民主革命时期毛泽东农村基层民主建设的思想［J］. 学术交流，2003（8）.

［20］刘景钊 . 民主政治建设过程中群众路线的时代内容［J］. 毛泽东研究，2007（0）.

［21］牛文浩 . 欧洲绿党基层民主与我国基层民主建设之研究——以苏南地区为例［J］. 河北青年管理干部学院学报，2013（1）.

［22］王雄文 . 社会主义民主形式的利益分析［J］. 求索，2010（7）.

［23］王洪树 . 协商合作民主形式研究——兼论中国特色民主政治的发展［J］. 中国政协理论研究，2012（3）.

［24］颜杰锋 . 新中国 60 年民主政治建设成就及其经验［J］. 中共福建省委党校学报，2009（10）.

[25] 郭融莉，蓝蔚青 . 以民主促民生：社会主义民主政治建设的重要切入点 [J]. 浙江社会科学，2012（11）.

[26] 马建武 . 中国特色社会主义民主形式及其发展途径探析 [J]. 毛泽东思想研究，2010（1）.

[27] 俞可平 . 中国治理变迁 30 年（1978—2008）[J]. 吉林大学社会科学学报，2008（3）.

[28] 曹桂华 . 中国共产党领导农村基层民主建设的经验与启示 [J]. 党史文苑，2011（6）.

[29] 徐勇 . 社会动员、自主参与与政治整合 [J]. 社会科学战线，2009（6）.

[30] 韩福国 . 协商民主的中国空间考察 [J]. 当代世界与社会主义，2010（5）.

[31] 王炳权，贾付强 ."中国特色社会主义民主政治话语体系与基层民主政治建设"学术研讨会综述 [J]. 政治学研究，2012（4）.

[32] 宋连胜 . 社会主义协商民主理论源头探析 [J]. 理论学刊，2013（5）.

[33] 秦宣 . 马克思的民主观在中国 [J]. 北大马克思主义研究，2012（0）.

[34] 胡岩 . 民主的阶级性与全民性刍议 [J]. 社会主义研究，2001（6）.

[35] 马俊军 . 农村基层民主的发展趋势 [J]. 社科纵横，2013（7）.

[36] 陈荣卓，唐鸣 . 农村基层治理能力与农村民主管理 [J]. 华中师范大学学报（人文社会科学版），2014（2）.

[37] 许耀桐 . 群众路线与实行民主 [J]. 民主与科学，2013（5）.

[38] 刘先春，杨安 . 成长逻辑：中国共产党党内民主建设的几点启示 [J]. 理论探讨，2014（1）.

[39] 马丽 . 建国前中国共产党基层政权建设的实践与启示 [J]. 求实，2014（8）.

[40] 高建 . 两种不同的协商民主 [J]. 山东社会科学，2014（2）.

［41］韩震．人民民主是中国特色社会主义的基本价值追求［J］．党建，2014（2）．

［42］刘慧娟．统一战线与健全社会主义协商民主实践形式研究［J］．天津市社会主义学院学报，2014（1）．

［43］肖芳，聂家华，周健．中国共产党在农村推进马克思主义大众化的历史实践与经验［J］．山东农业大学学报，2014（2）．

［44］姚会亭，宋爱红．创新基层民主监督，促进社会和谐建设［J］．河北省社会主义学院学报，2015（2）．

［45］童庆平，洪民富．村民听证质询会：基层协商民主的一种实践形式［J］．重庆社会主义学院学报，2015（4）．

［46］张晓莉．基层民主自治制度建设问题的思考［J］．辽宁省社会主义学院学报，2015（2）．

［47］朱世海．基层协商民主研究［J］．理论研究，2015（1）．

［48］王海峰．利益实现的逻辑：以群众工作构建基层民主的社会基础［J］．中共浙江省委党校学报，2015（2）．

［49］顾秀宇，李金见．逻辑与现实：从基层治理制度创新看基层协商民主［J］．岭南学刊，2015（3）．

［50］于长江．浅谈中国基层民主建设的特点［J］．社科纵横，2015（1）．

［51］刘信君，尹崟．浅析井冈山时期中国基层民主建设［J］．东北师大学报（哲学社会科学版），2015（3）．

［52］庾文焰，程炉．依法治国背景下农村基层民主建设思考［J］．人民论坛，2015（2）．

［53］乔纳森·安戈，陈佩华，钟谦．中国的基层协商民主：案例研究［J］．中国研究，2015（5）．

［54］梁孝．中国国家治理能力现代化和人民民主［J］．中国矿业大学学报（社会科学版），2015（1）．

［55］朱映雪，孙秦敏．抗战时期中国共产党对农村基层协商民主的探索［J］．山西师大学报（社会科学版），2015（11）．

[56] 宋连胜，白启鹏．农村基层协商民主的时代价值 [J]. 理论探讨，2016 (1).

[57] 张红梅．农村民主治理方式探索 [J]. 人民论坛，2015 (2).

[58] 戴玉琴．农村协商民主：乡村场域中群众路线实现的政治路径 [J]. 江苏社会科学，2016 (2).

[59] 韩小凤，高宝琴．农民组织化：农村协商民主治理优化的社会基础 [J]. 探索，2014 (5).

[60] 苏爱萍．浅论协商民主在我国农村基层民主政治中的实践 [J]. 东岳论丛，2013 (12).

[61] 安林瑞．协商民主：农村基层民主建设的新范式 [J]. 社科纵横，2015 (9).

[62] 吴重庆．革命的底层动员 [J]. 读书，2001 (1).

[63] 浦兴祖．农村基层民主：由村向乡镇逐步递升 [J]. 探索与争鸣，2009 (4).

[64] 江西省社会科学院课题组．马克思主义群众观与当代中国民主政治建设 [J]. 江西社会科学，2011 (2).

[65] 孙靖．毛泽东关于农民运动中政权组织形式的思想 [J]. 法制与社会，2008 (8).

[66] 郭正林．论乡村三重关系 [J]. 北京：北京行政学院学报，2002 (4).

[67] 李昌平，赵岩．首例村民罢免村官的故事 [J]. 炎黄春秋，2003 (4).

[68] 季丽新，王培杰．农村民主治理：困境与出路——20 个省级行政区的 68 个村庄调查 [J]. 中国行政管理，2013 (2).

[69] 虞崇胜，王洪树．协商合作：未来民主政治发展的主流方向 [J]. 江汉论坛，2009 (10).

D. 报纸

[1] 江泽民 . 全面推进农村改革开创我国农业和农村工作新局面 [N]. 人民日报，1998-10-05（1）.

[2] 胡锦涛 . 提高社会主义基层民主政治建设水平保证基层人民群众直接行使民主权利 [N]. 人民日报，2006-12-02（1）.

[3] 习近平 . 认真学习党章　严格遵守党章 [N]. 人民日报，2012-11-20（1）.

[4] 习近平 . 完善和发展中国特色社会主义制度　推进国家治理体系和治理能力现代化 [N]. 人民日报，2014-02-18（1）.

[5] 习近平 . 在庆祝全国人民代表大会成立 60 周年大会上的讲话 [N]. 人民日报，2014-09-06（1）.

[6] 习近平 . 在庆祝中国人民政治协商会议成立 65 周年大会上的讲话 [N]. 人民日报，2014-09-22（1）.

[7] 陈朋 . 基层民主协商不仅仅是"协商" [N]. 人民日报，2015-08-04（7）.

[8] 唐鸣，项继权，陈伟东 . 基层民主建设的新常态——城乡社区协商三人谈 [N]. 中国社会报，2015-07-23（3）.

[9] 柳霞 . 基层民主政治建设的新篇章 [N]. 光明日报，2015-07-24（3）.

[10] 潘跃 . 基层民主政治建设的重要途径——就城乡社区协商访专家学者 [N]. 人民日报，2015-07-26（4）.

[11] 王文涛 . 在基层社会治理中推进协商民主 [N]. 人民日报，2015-03-22（11）.

[12] 邱石 . 让协商民主在农村有力运转起来 [N]. 广西日报，2015-04-02（14）.

[13] 先朝阳，梅金娟 . 群众的事群众说了算——华池县推行"农村基层协商民主管理"模式探微 [N]. 甘肃日报，2016-09-03.

E. 报告

［1］胡锦涛 . 高举中国特色社会主义伟大旗帜　为夺取全面建设小康社会新胜利而奋斗——在中国共产党第十七次代表大会上的报告［R］. 北京：人民出版社，2007.

［2］中华人民共和国国务院新闻办公室 . 国家人权行动计划（2012—2015 年）实施评估报告［R］. 北京：人民出版社，2016.

F. 电子文献

［1］新华网 . 我国农村有 58.9 万个村委会，98% 以上都是实行直接选举 .［DB/OL］http://news.xinhuanet.com/2013lh/2013-03/13/c_132230077.htm，2013-03-13

［2］宜昌市民政局 . 秭归县出台《农村基层协商民主实施办法》［DB/OL］http://www.mzj.yichang.gov.cn/content